Guido Knopp

Bilder, die Geschichte machten

Guido Knopp

Bilder, die Geschichte machten

In Zusammenarbeit mit Stefan Brauburger
und Peter Hartl

Dokumentation von Ursula Nellesen und Gabriella Toth

C. Bertelsmann

Umwelthinweis:
Dieses Buch und der Schutzumschlag
wurden auf chlorarm gebleichtem Papier gedruckt.
Die Einschrumpffolie (zum Schutz vor
Verschmutzung) ist aus umweltfreundlicher
und recyclingfähiger PE-Folie.

1. Auflage
© C. Bertelsmann Verlag GmbH, München 1992
Reproduktionen: RMO-Druck, München
Satz: Uhl+Massopust, Aalen
Druck: Wenschow Franzis-Druck, München
Bindung: Großbuchbinderei Monheim
Printed in Germany
ISBN 3-570-00257-8

Inhalt

Vorwort

Zeitgeschichte ist immer auch Geschichte von Bildern. In der Fülle dieser Bilder gibt es manchmal solche, die wir alle schon einmal gesehen haben. Viele davon gingen um die Welt. Manche können wir nicht vergessen, so sehr prägen sie sich ein. Oft sagen sie mehr aus als bewegte Filme.

Solche großen Fotos sind das Thema meiner Fernsehserie »Bilder, die Geschichte machten« – und das Thema dieses Buches. Es sind Fotos von Menschen, die »einmal im Leben« Geschichte gemacht haben, mit deren Abbild ein symbolischer Augenblick des Zeitgeschehens festgehalten wurde. Es sind Bilder von außergewöhnlichen historischen Situationen, Bilder der Freude und Bilder des Schmerzes, Momentaufnahmen von Einzelschicksalen, in denen sich das Schicksal vieler anderer widerspiegelt. Wir alle kennen solche bewegenden Symbolfotos des 20. Jahrhunderts, in denen sich die Erfahrungen von Millionen verdichten und bewahren:

Das nackte Mädchen aus Vietnam auf der Flucht vor einem Napalm-Angriff; der Sowjetsoldat beim Hissen der Roten Fahne auf dem Reichstag; der Volksarmist, der achtundvierzig Stunden nach Beginn des Mauerbaus mit umgeschnallter Maschinenpistole über den Stacheldraht in die Freiheit springt; der jüdische Junge aus Warschau, der mit erhobenen Händen auf den Abtransport ins KZ wartet...

Bilder, die Geschichte machten, Bilder, die die Welt bewegten, »hot shots« des Jahrhunderts. In ihnen allen stehen Menschen im Mittelpunkt, die für einen Augenblick im Schlaglicht des Weltgeschehens standen: »Ihr« Foto sagt oft mehr über ein historisches Ereignis aus als eine ganze Bibliothek. Obwohl wir die Bilder, den festgehaltenen Augenblick, kennen, wissen wir oft nichts von den Männern, Frauen, Kindern, die sie zeigen. Manche Fotos verleiten zur Idealisierung, manche zur Verdammung. Oft verdeckt ein Mythos die Wahrheit. Aber was geschah wirklich? Auf der Suche nach der »Story behind the story« haben wir weltweit bekannte Unbekannte aufgespürt, besucht, befragt.

Manche Fotohelden sind zeitlebens nicht von »ihrem« Foto losgekommen. Für die beiden schwarzen Amerikaner, die 1968 bei den Olympischen Spielen in Mexiko mit geballter Faust »Black Power« demonstrierten, ist das Bild zum Fluch geworden. Kim Phuc aus Vietnam findet trotz anhaltender körperlicher Leiden Trost in »ihrem« Foto, weil es für den Frieden wirbt. Und Conrad Schumann, der 1961 über Stacheldraht in eine ungewisse Freiheit sprang, ist so stolz auf sein Bild, daß er es in sein Schlafzimmer gehängt hat, übers Ehebett.

Mein Dank gilt Stefan Brauburger und Peter Hartl für ihre Mitarbeit am Buch und Ulrich Lenze für die Ko-Autorenschaft der Fernsehreihe – vor allem aber danke ich jenen Fotohelden, ohne die es Buch und Serie nicht gegeben hätte.

Das Mädchen aus Vietnam

Das Mädchen aus Vietnam

Sie kommt mir entgegen, auf der Straße vor dem »Haus der Jugend« in Havanna: Eine zierliche junge Frau von siebenundzwanzig Jahren – man sieht ihr an, daß sie gerne lächelt. »Welcome«, sagt sie, »welche Ehre, daß ihr diese lange Reise nur für mich gemacht habt.«

Die Passanten gehen an dem Mädchen aus Vietnam vorüber, streifen es kaum mit den Blicken. Keiner scheint es zu erkennen.

Doch irgendwann einmal haben alle das Foto gesehen: Weltweit wurde es in Tausenden von Zeitungen veröffentlicht und seitdem immer wieder gezeigt, ein Symbol für den Irrsinn des Krieges: Nackt und mager, beide Arme im Schock vom Leib abgespreizt, schreiend vor Schmerzen, den Mund im Heulen weit offen, flieht ein kleines Mädchen im Vietnamkrieg entlang einer Landstraße, umgeben von anderen verängstigten Kindern und Soldaten mit Gewehren – im Hintergrund verbrannte Wälder, Feuer, Krieg.

Die »New York Times« schrieb damals: »Es fällt schwer angesichts solcher Aufnahmen, den Glauben an die Menschheit nicht zu verlieren.«

Das geschah am 8. Juni 1972, und die kleine Kim Phuc Phan Ti war neun Jahre alt. An diesem Tag begann die südvietnamesische Armee eine Großoffensive gegen den Vietcong, der jenseits der Städte über zwei Drittel des Landes besetzt hielt.

Amerikanische Kampfflugzeuge unterstützten den Angriff. Jagdbomber vom Typ »Skyraider« nahmen Kurs auf das Dorf Trang Bang bei Saigon, den Heimatort Kim Phucs. Die Piloten warfen Napalm-Bomben ab, die Wälder und Menschen verbrennen. Der klebrige Feuerregen hat sich damals tief in die Haut der kleinen Vietnamesin gefressen – und der Augenblick in ihr Gedächtnis.

Wir sitzen in ihrem winzigen Studentenzimmer. Die Kamera läuft. Das Mädchen erzählt:

»Am Morgen dieses Tages haben wir schon geahnt, daß etwas passieren würde. Die ganze Nacht über wurde ständig geschossen. Die Vietcong-Soldaten waren nachts in unser Dorf gekommen. Die Regierungstruppen wußten das und wollten sie um jeden Preis vertreiben.«

Gegen Mitternacht hatten die Soldaten der »Befreiungsfront« die Außenposten der Regierung am Rande des Dschungels überrannt und

das Dorf Trang Bang besetzt. Kims Vater Do Ngoc Nu betrieb auf dem Marktplatz eine kleine Imbißstube. Seine Spezialität waren chinesische Suppen. Das Gemüse dafür zog er im eigenen Garten.

In dieser Nacht wurde der Gemüsegarten militarisiert: Die Vietcong hoben drei mannstiefe Gruben aus und errichteten Maschinengewehrstellungen. Dem Besitzer erklärten sie, diese werde ihn von den Söldnern der Regierung befreien helfen. Solange die Kämpfe dauerten, solle er doch mit seiner Frau und den sechs Kindern in den Dschungel ziehen. Dort und nur dort, bei den Vietcong, seien sie in Sicherheit.

Du Ngoc widersprach nicht offen, das wäre unklug gewesen. Er tat so, als füge er sich, schlug dann aber einen anderen Weg ein. Die Familie schlich sich heimlich zurück ins Dorf, in den Schutz der Pagode.

Sie gehörte der Cao-Dai-Sekte, einer buddhistisch-katholischen Glaubensgemeinschaft, zu der sich fast alle Einwohner von Trang Bang bekannten. Das Innere des Tempels war mit Menschen überfüllt. Sie hatten nicht gewagt, vor den Vietcong zu den Regierungstruppen zu flüchten, dadurch wären sie zwischen die feindlichen Linien geraten. Und zu den Vietcong in den Dschungel trauten sie sich auch nicht – das hätte ihnen die Chance genommen, ins Dorf heimzukehren, sollte es die südvietnamesische Armee zurückerobern. Denn auf »Zusammenarbeit« mit den Rebellen standen harte Strafen.

Den ganzen Tag über war um das Dorf gekämpft worden. Die 25. Divi-

Erbitterter Dschungelkampf in Vietnam. Die Zivilbevölkerung hatte besonders darunter zu leiden.

sion der Regierungsarmee hatte schwere Artillerie aufgefahren und feuerte auf Trang Bang. Doch der Vietcong verteidigte sich hartnäckig. Am Nachmittag waren fünf Sturmangriffe der Armee zurückgeschlagen worden, ein Drittel der Häuser von Trang Bang zerstört. Um vier Uhr nachmittags erklärte Brigadegeneral Le Van Tu das Dorf zum »Vietcong-Versteck« und gab es zur Bombardierung frei.

»Auf einmal wurde geschrien: Bomben, sie werfen Bomben. Dann hörten wir ein schreckliches Heulen und gleich darauf die ersten Explosionen. Die Pagode war getroffen worden und stand sofort in Flammen. Wir hatten panische Angst. Mein Onkel schrie: ›Alle raus, sonst verbrennen wir noch!‹ Und so rannten wir ins Freie und auf der Straße entlang zur Brücke.

Und da kamen die Flugzeuge noch einmal zurück und stießen auf uns nieder.

Auf einmal dachte ich, die Welt geht unter: Eine Explosion, ein Wald aus Feuer rings um uns. Wir fielen alle hin und schrien, schrien, schrien.«

Die beiden Piloten sagten später aus, sie hätten die flüchtenden Dorfbewohner für Soldaten des Vietcongs gehalten. »Ist das wirklich wahr?« fragt die kleine Vietnamesin zornig, als ich ihr das entgegenhalte. »Das kann ich überhaupt nicht glauben. Sie müssen die Frauen und Kinder ganz deutlich gesehen haben. Das haben sie nur behauptet, um nicht angeklagt zu werden.«

Die US-Militärberater von General Van Tu hatten für den Angriff auf Trang Bang zu »normalen« Sprengbomben geraten. Tu meinte aber, daß brennendes Napalm tiefer in die Schützenlöcher der Vietcong eindringen würde.

Napalm ist die Abkürzung von Natriumpalmitat. Es enthält neben Säuren auch Benzin und Öle, welche bewirken, daß die Masse unter extrem hohen Temperaturen über 1 000 Grad Celsius verglüht und alles verbrennt, was nicht aus Stein oder Eisen ist.

Gegen Menschen angewendet, hatte dieses Napalm in den Augen amerikanischer Militärs den »Nachteil«, daß von dem Stoff ergriffene Personen die Flammen wieder löschen konnten, wenn sie sich mit Sand bedeckten oder ins Wasser sprangen.

Deshalb wurde in der Folge für Vietnam das »Super-Napalm« entwickelt, auch »Napalm B« genannt. Napalm B enthält zur Hälfte den Plastikstoff Polystren, der bewirkt, daß brennende Stoffe auf der menschlichen Haut haftenbleiben. Der in diesen Bomben enthaltene Phosphor frißt sich in den Körper und ruft schwere Vergiftungen hervor.

»Ich hatte das Gefühl, als ob mein Körper von innen nach außen verbrannte, und sah nichts mehr, nur Feuer überall. Auf einmal waren Regierungssoldaten da. Einer versuchte, mir die Kleider vom Leib zu reißen, aber seine Hände verbrannten dabei. Ein anderer warf seine Jacke auf mich. Sie versuchten, meinen Körper zu löschen, aber es gelang ihnen

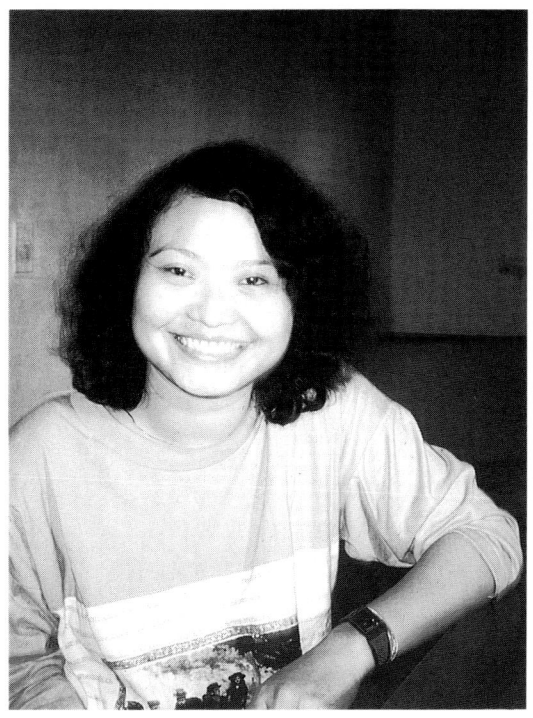

Kim Phuc und ihre Brüder. Auch sie wurden Opfer des Napalm-Krieges.

Noch heute hat Kim Phuc häufig Schmerzen. Doch sie hält sich für ein glückliches Mädchen.

»Unsere Familie
hält immer zu-
sammen.«
Kim Phuc mit
ihren Eltern.

nicht, und ich schrie und schrie, weil ich entsetzliche Schmerzen hatte.
Dann riefen die Soldaten: ›Weg! Lauft alle weg!‹ Und ich rannte los,
nackt, wie ich war, und während ich lief, sah ich auf einmal mein ganzes
Leben vor mir. Ich wußte, daß ich schwer verletzt war, daß ich würde
leiden müssen, und ich war todtraurig.«

Sie deutet auf das Foto: »Ganz links, das ist mein Bruder. Und rechts
von mir, da läuft mein Cousin. Wir rannten und rannten, und endlich
kamen wir an die Brücke, dort warteten die Reporter.«

Unter ihnen war der Fotograf Huynh Cong Ut, der das Bild seines
Lebens schoß. Er erhielt dafür den Pulitzer-Preis.

»Sie haben Wasser über uns geschüttet, und wir haben geschluckt und
getrunken, und mir war heiß, so heiß. Dann wußte ich auf einmal gar
nichts mehr. Ich wurde ohnmächtig.«

Das Napalm hatte sich in ihren Rücken, in den Nacken und vor allem
in den linken Arm gefressen. Kim Phuc wurde nach Saigon gebracht, in
das amerikanische Coray-Hospital.

Die Ärzte wußten um die plötzlich weltweite »Berühmtheit« ihres
Schützlings. Es war ein Do-ut-des-Geschäft: In den kommenden zwölf
Monaten wurde sie besonders sorgfältig behandelt und Besuchern als
Beispiel für Amerikas humanitäres Engagement vorgeführt. Kim Phuc
nennt diese Zeit in der Erinnerung das »Jahr des Schmerzes«:

14

»Ich lag in einem Feuerofen. Da war die furchtbare Hitze in mir.

Immer, wenn die Schwestern die Verbände über meinen Wunden wechselten, war mir, als ob ich bei lebendigem Leib verbrannt würde.«

Dennoch lächelte sie Besuchern auch in dieser Zeit so freundlich entgegen, daß manche sie vom Fleck weg adoptieren wollten.

Vierzehnmal haben die Ärzte ihr gesunde Haut verpflanzt, von den eigenen Beinen auf die Wunden. Doch die Narbenstränge schmerzen zwei Jahrzehnte später immer noch. Wie wird sie heute mit den Schmerzen fertig?

Wir fahren mit Kim Phuc am nächsten Tag ins Universitätsstadion von Havanna. Solange es noch kühl ist, in den frühen Morgenstunden, übt sie dort fast täglich eine Art Schattenboxen. »Das ist meine Art von Gymnastik«, lächelt sie. »Es hilft mir, meine Schmerzen zu bekämpfen.«

Schmerzen: Wenn es heiß wird in Havanna – und das wird es oft –, traut sie sich nicht aus dem Haus. Denn dann glühen die Narben auf ihrem Leib wie Feuerstränge, und es gibt keine Salben, um den unsäglichen Schmerz zu lindern. »Nachts muß ich immer auf dem Bauch schlafen. Aber daran habe ich mich inzwischen gewöhnt.«

Eigentlich wollte sie Lehrerin werden. Doch es fällt ihr schwer, sich längere Zeit zu konzentrieren. Sie hat zwar studiert, aber nie das Examen geschafft. Zweimal versuchte sie es in Vietnam, saß über den Klausuren, und jedesmal krochen die Schmerzen unerbittlich vom vernarbten Nakken in den Kopf. Die Eltern hatten ihr Eisbeutel mitgegeben, die sie sich auf die Stirn legen sollte. Doch es half nichts. Schon eine halbe Stunde angestrengtes Nachdenken erschöpfte sie.

1984 brachten deutsche Reporter sie in die renommierte Ludwigshafener Unfallklinik, wo Professor Rudolf Zellner, ein Spezialist für Plastische Chirurgie, dem Mädchen helfen sollte. Zwei Narbenstränge, die die Beweglichkeit des Armes und des Kopfes beeinträchtigten, wurden operativ beseitigt. Mehr konnte Zellner für das Mädchen aus Vietnam nicht tun.

In Ludwigshafen begeisterte sich Kim Phuc für die Medizin. Jetzt wollte sie Ärztin werden. Im zweiten Anlauf schaffte sie die Aufnahmeprüfung für die medizinische Fachhochschule in Ho-Chi-Minh-Stadt, dem früheren Saigon. Doch die Kopfschmerzen blieben. Immerhin war sie jetzt eine Art Nationalheldin geworden. Die vietnamesischen Behörden stilisierten ihren Leidensweg zur heroischen Station des Befreiungskampfes gegen die »Kolonialmacht« USA. Kim Phuc erhielt ein staatliches Stipendium, um im sozialistischen Bruderland Kuba weiter Medizin studieren zu können. Dort aber scheiterte sie – im ersten Anlauf und im zweiten auch. Sie wechselte zur Pharmazie und scheiterte wieder. Die Schmerzen sind zu stark. In jeder Prüfung ist ihr, als zerspringe der Kopf.

Jetzt studiert sie Englisch. Ist das leichter? »Ja, aber ich tue es nicht, um Lehrerin zu werden. Ich möchte eines Tages zurück nach Vietnam und

Touristen durch mein Land führen. Das liegt mir, da kann ich sprechen und lachen und muß mich nicht um jeden Preis auf etwas konzentrieren.«

Es sind nicht nur die Schmerzen. Mit denen kann sie umgehen. »Wenn das Wetter umschlägt, dann versuche ich zu lesen, mit Freunden zu sprechen. Abends gehe ich oft aus. Ich versuche, das, was weh tut, zu verdrängen.«

Was sie nicht verdrängen kann, sind Angst vor Hautkrebs und die unbestreitbare Tatsache, daß sie unter Allergien leidet, Asthma und Zucker hat.

Wir gehen über den belebten Platz vor dem Universitätsstadion. Ein Junge dreht sich nach Kim Phuc um. Und die Liebe? »Ja, weißt du«, lacht sie, und in ihrem Englisch klingt es fast ein bißchen trotzig: »I have a lot of good love.«

Natürlich, sie ist hübsch, mit ihrem roten Rucksack sieht sie heute fast kokett aus. Und wer weiß schon in Havanna, welche Male sie auf ihrem Leib mit sich herumträgt? »Meistens lasse ich beim Lieben meine blaue Bluse an«, lacht sie, »weißt du, die hat lange Ärmel.«

Am nächsten Morgen fahren wir mit Kim Phuc zu ihrer Englischklasse an der Universität. Sie feiert heute ihren achtundzwanzigsten Geburtstag. Wir haben Blumen mitgebracht, dazu noch ein paar medizinische Kosmetika. Die Studenten singen »Happy birthday to you«. Dann fährt der Dozent vor der Kamera fort, Englisch mit Hilfe eines Michael-Jackson-Songs zu lehren – wie geschaffen für das Mädchen aus Vietnam, das sich nicht konzentrieren kann.

Später feiern wir zusammen. Und irgendwie kommt das Gespräch auf die Piloten, die die Napalm-Bomben abgeworfen haben. Haßt sie die Unbekannten eigentlich?

»Nein, ich kann sie nicht hassen. Sie sind nicht selbst verantwortlich. Ich bin nur wütend, weil sie doch nicht zugegeben haben, daß sie wußten, wer wir waren: Frauen und Kinder. Ich will sie nicht hassen, weil das den schrecklichen Krieg wieder in mir weckt, und ich will nicht mehr an diesen Krieg denken, ich will ihn vergessen.«

Aber darf das sein? Ist nicht gerade ihr Foto eine Anklage gegen den Krieg? Und ist das nicht auch eine Verpflichtung?

Natürlich ist es das. »Vielleicht«, sagt sie, »hat das Foto als ›Symbol der Grausamkeit‹ dazu beigetragen, diesen unsinnigen Krieg zu verkürzen. Denn es war ja doch auch der Protest im Westen, der die Supermacht Amerika gezwungen hat, sich aus Vietnam zurückzuziehen.«

Abends im Hotelzimmer führen wir ihr den Film vor, den US-Reporter damals über sie gedreht haben. Sie sieht sich rennen, sieht, wie ihre Haut in Fetzen hängt, und bricht in Tränen aus. »Das Foto ist Bestandteil meines Lebens, aber wenn ich diesen Film anschaue, muß ich an die Kinder von Trang Bang denken, die damals gestorben sind.«

Ihr Name »Kim Phuc« bedeutet »Goldenes Glück«, und das sei kein

Zufall, meint sie: »Mein Glück ist wirklich golden. Denn wenn ich nur ein bißchen mehr gebrannt hätte, dann wäre ich gestorben. Muß ich nicht froh sein, daß ich überhaupt noch lebe?«

Sie will tapfer sein, die kleine Vietnamesin, fast um jeden Preis. Ich mag sie.

»Ja, ich habe Glück gehabt. Ich lebe, und ich kann mich unter Menschen wagen, trotz der Narben. Aber weißt du, wie die anderen aussehen?«

Sie holt aus ihrer Tasche einen Umschlag, zieht Fotos heraus. Schreckliche Bilder von Kindern mit zerstörten, verbrannten Gesichtern wie aus einem Alptraum. »Das sind nur drei von vielen unbekannten Napalm-Opfern. Doch tatsächlich gibt es noch Hunderte. Auch ihnen muß geholfen werden.«

Zum Abschied hat sie einen Wunsch: »Findest du für mich heraus, wie die beiden Piloten heißen? Und ob sie noch leben? Ich möchte ihnen sagen, daß ich ihnen nicht mehr böse bin. Sie sollen nur zugeben, was wirklich geschehen ist. Wenn sie die Wahrheit sagen, dann verzeihe ich ihnen.«

Ja, Kim Phuc, das will ich tun.

Kim Phuc in ihrer Englisch-Klasse. Sie will Reiseleiterin werden.

17

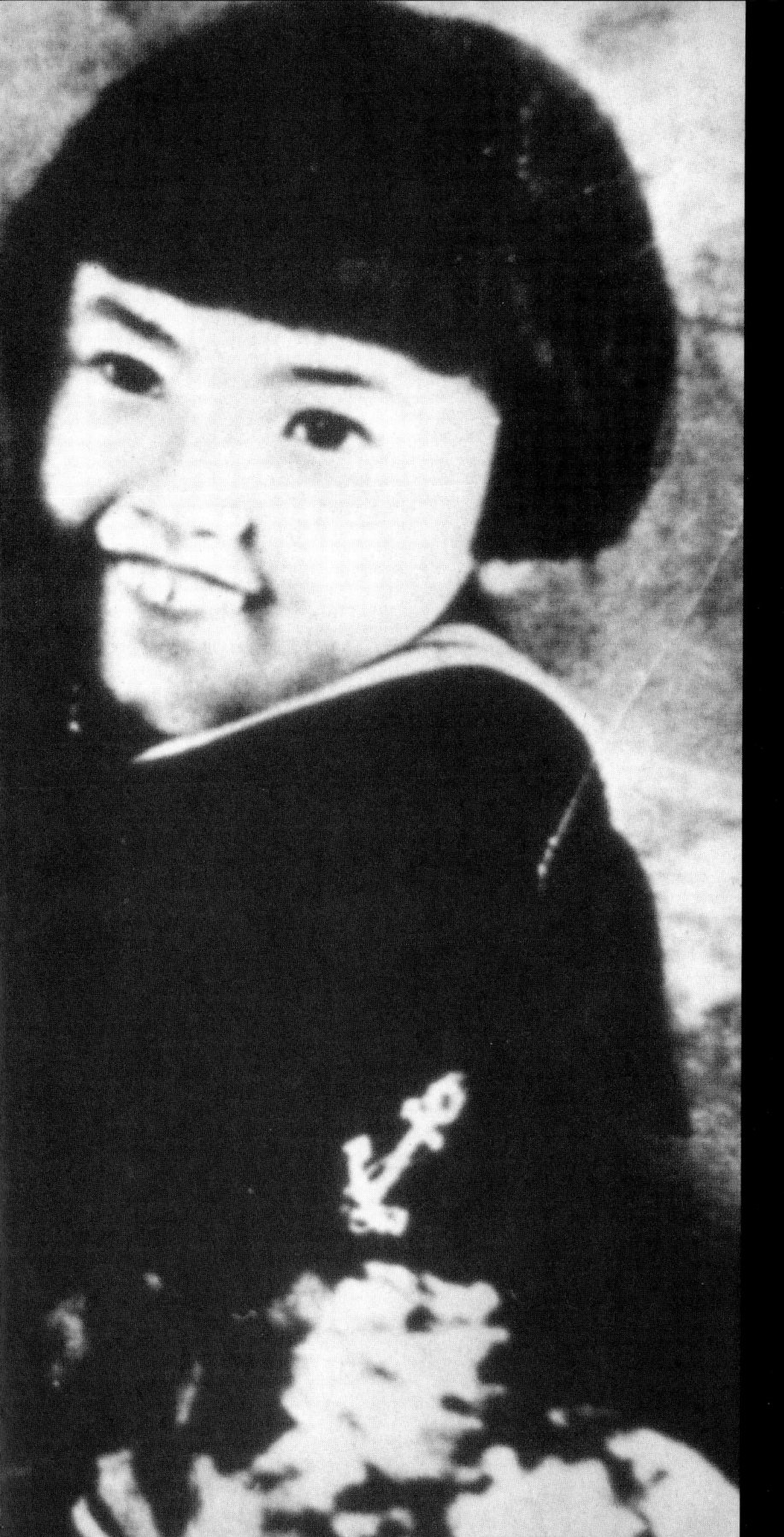

In Stalins
Armen

In Stalins Armen

Im Westen kennt kaum jemand dieses Foto. Doch in der mittlerweile sanft entschlafenen Sowjetunion gehört es zu den Ikonen der KP-Geschichte: »Gelja in Stalins Armen« – das war in den dreißiger Jahren das bekannteste Propagandafoto des Landes. Der Diktator und das Kind – ein bei Hitler wie bei Stalin gleichermaßen beliebtes Motiv.

Das Mädchen Gelja kam mit einer Besuchergruppe aus der burjatischen Mongolei nach Moskau. Für die Fotografen durfte sie dem »großen Freund aller Kinder« einen Blumenstrauß überreichen. Stalin schenkte der sechsjährigen Gelja zum Dank eine Uhr. Die Propaganda griff das Bildmotiv begeistert auf – das war der ideale Stoff für den Mythos vom »guten Väterchen Stalin«. Das Foto wurde zum millionenfachen Schaustück in Geschäften, Krankenhäusern und Büros. Über drei Millionen Denkmäler entstanden nach dieser Vorlage.

Doch das Propagandalächeln trügt. Die hymnisch beschworene Eintracht zwischen dem »Woschd« und seinem Volk erwies sich auch für Gelja nur als zynische Fassade. Sie hat eine traurige Geschichte zu erzählen. Ich treffe sie in ihrer Moskauer Wohnung, die wie beinahe alle Wohnungen der Zehnmillionenstadt aussieht: Über ihre zweiundfünfzig Quadratmeter im siebten Stockwerk eines Wohnblocks aus der Stalinzeit kann sie sich noch freuen. Im Treppenflur riecht es nach Leiche, wir schließen rasch die Tür. Der Ehemann schaut kurz ins Wohnzimmer herein, dann verzieht er sich gleich in die Küche, um für die Gäste seiner Frau Tee aufzubrühen, denn er weiß, was sich gehört und wer von beiden Partnern der berühmte ist.

Das Wohnzimmer gleicht einem Museum, vollgestopft mit Fotos, Zeitungsschnipseln, Miniaturen – und ganz groß über dem Vestibül das Foto: Gelja in den Armen Stalins. Wer solchermaßen Nostalgie zu treiben scheint, der muß im Herzen noch an Stalin hängen, oder etwa nicht? Sie lacht, es sei viel schwieriger... Und dann erzählt sie.

Sie heißt eigentlich Engelsina Markisowa, und geboren ist sie in der Hauptstadt der burjatischen Autonomen Republik, Ulan-Ude, gleich hinter dem Baikalsee. Ihr Vater, Veteran des Bürgerkrieges, war dort hoher Funktionär in der Parteileitung. Im Januar 1936 kam er als Führer einer siebenundsechzigköpfigen burjatischen Delegation nach Moskau, um dem Übervater aller Sowjetmenschen seine Aufwartung zu machen. Frau und Tochter nahm er in die Hauptstadt mit.

»Ich habe den Vater gebeten, auch mich in den Kreml mitzunehmen. Zuerst war er dagegen, dann aber stimmte er zu, denn auch Mutter fiel ihm damit auf die Nerven. Als der große Tag kam – es war der 27. Januar 1936 –, war ich ganz aufgeregt. Wir wollten irgendwo Blumen kaufen, denn wir hatten beschlossen, daß ich Stalin und Woroschilow Blumen schenken sollte.«

»Im Januar in Moskau frische Blumen?«

»Das war nicht einfach. Mama ging in den Botanischen Garten zu dem Akademiker Zizin und besorgte dort zwei echte, frische Sträuße. Sie sagte einfach: ›Ich brauche sie für Stalin.‹ Zizin traute sich natürlich nicht, ihr dafür frische Blumen zu verweigern. Dann machten wir uns alle auf zum Kreml. Mein Vater fragte den Wachoffizier am Katharinentor: ›Was machen wir mit dem Mädchen? Sie hat keine Eintrittskarte.‹ Der Offizier antwortete: ›Kinder brauchen keine Eintrittskarte für den Kreml!‹ Das hat mir sehr imponiert.

Im Großen Saal, am Vorstandstisch, thronten die Mitglieder des Politbüros: Stalin, Woroschilow, Jakowlew und all die anderen. Molotow begrüßte unsere Delegation.«

»Molotow war ja damals sowjetischer Ministerpräsident. War Ihnen das bewußt?«

»Natürlich, als Tochter von Parteimitgliedern weiß man das. Ich war damals sieben Jahre alt. Nichts konnte mich mehr bremsen. Ich ging direkt zum Vorstandstisch, mit beiden Sträußen in den Armen. Ein Sekretär fragte mich, wohin ich wolle, und ich sagte ihm: ›Zu Stalin.‹ ›Dann geh weiter‹, lächelte der Sekretär.

Ich war hübsch anzusehen in meiner burjatischen Tracht. So ein Kleid zu nähen dauerte damals ein halbes Jahr. Als ich vor dem Tisch stand und nach oben schaute, sagte Andrejew zu Stalin: ›Du hast eine Besucherin.‹ Stalin stand auf, ging um den Tisch herum, nahm mich in die Arme, stellte mich auf den Tisch und griff sich beide Sträuße. Das verwirrte mich sehr. Denn ein Strauß war eigentlich für Woroschilow bestimmt. Aber ich konnte Stalin jetzt den zweiten Strauß ja nicht mehr abnehmen. So behielt er eben beide Sträuße.

Woroschilow, der von seinem Pech nichts ahnen konnte, applaudierte lächelnd und erklärte: ›Sie will eine Rede halten.‹ Ich holte tief Luft und sagte: ›Das ist von den Kindern der burjatisch-mongolischen Republik für Josef Wissarionowitsch Stalin.‹«

»Wie hat Stalin reagiert?«

»Sehr nett. Er hat gelächelt und mich in die Arme genommen. Erbanow, damals Erster Sekretär unseres Gebietskomitees, rief mir zu: ›Küsse ihn!‹ Und ich küßte ihn. In diesem Moment drückten die Fotografen ab.«

»Was bedeutete Ihnen Stalin damals? War er für Sie ein ganz normaler Mensch? Oder ein fast gottgleiches Wesen?«

»Damals stand der Personenkult auf seinem Höhepunkt. Stalin war ein Gott. Ich war so glücklich, in den Armen eines Gottes zu liegen. Aber ich war nicht so dumm zu vergessen, daß man ja Geschenke für uns vorbereitet hatte. Ich fragte Stalin: ›Kann ich mein Geschenk haben?‹

Stalin lachte und ließ sich von Molotow eine kleine Schatulle reichen. Ich öffnete sie, und vor mir lag eine Uhr. ›Möchtest du sie?‹ fragte Stalin.

›O ja‹, erwiderte ich, ›sie gefällt mir.‹ ›Dann gehört sie dir‹, verfügte der ›Woschd‹. ›Eigentlich wollte ich dir ein Grammophon schenken. Aber das ist ja zu schwer für dich.‹

Doch ich antwortete schnell: ›Moment, ich hole meinen Vati.‹

Mein Vater war ganz verwirrt darüber, daß er eine derart unverschämte Tochter hatte, die auf keines der beiden Geschenke verzichten wollte. So erhielten wir auch den Plattenspieler und hatten letztlich zu Hause zwei.

Am nächsten Tag war ich berühmt. Mein Foto mit Stalin war in allen Zeitungen. Ich war das glücklichste Mädchen der ganzen Sowjetunion.«

Das »Väterchen als Kinderfreund« – das Foto wurde sofort ein populäres Kultobjekt. Stalin war in diesen Tagen offiziell schon »bester Freund« der sowjetischen Sportler, der sowjetischen Ärzte, der sowjetischen Eisenbahner – aber noch gab es kein Bild, auf dem er sich als »bester Freund« der Kinder zeigen konnte. Gelja kam ihm also wie gerufen; daß sie obendrein noch aus dem asiatischen Teil des Riesenreiches stammte, war der I-Punkt – das rechte Bild zur rechten Zeit, um aller Welt zu offenbaren, wie sehr die Sowjetvölker ihren Führer liebten.

Das Bild wurde in den nächsten Jahren zwischen Brest und Wladiwostock allgegenwärtig. Nach seiner Vorlage entstanden drei Millionen Exemplare einer Skulptur, die der Bildhauer Lawrow entworfen hatte.

»Lawrow ist jetzt tot«, sagt Gelja. »Aber kurz vor seinem Tod war ich bei ihm und habe ihn gefragt, wie die Skulptur entstanden ist. Er sagte mir: ›Als ich dein Foto sah, war ich elektrisiert. Wir alle wollten damals Stalin darstellen. Nur so konnten wir überleben. Das Motiv von einem kleinen Mädchen mit Blumenstrauß in Stalins Armen – das war neu. Deshalb meißelte ich nach dem Vorbild des Fotos eine Skulptur und nannte sie: *Dank dem großen Stalin für eine glückliche Kindheit.*‹«

Doch Glück hat die Skulptur ihrem Schöpfer Lawrow nicht gebracht. Wegen »Antisowjetismus« verschwand er kurz vor Kriegsbeginn für ein Jahrzehnt in Stalins Archipel Gulag.

Als Gelja 1936 im Triumph nach Ulan-Ude zurückkehrte, war das alles noch nicht absehbar. Sie wurde als burjatisches Idol gefeiert. »Ich war ein sehr berühmtes Kind, fast eine Nationalheldin. Man hat mich auf alle Sitzungen eingeladen. Immer saß ich am Präsidiumstisch.«

Doch dann, nur knapp zwei Jahre nach dem großen Auftritt, im

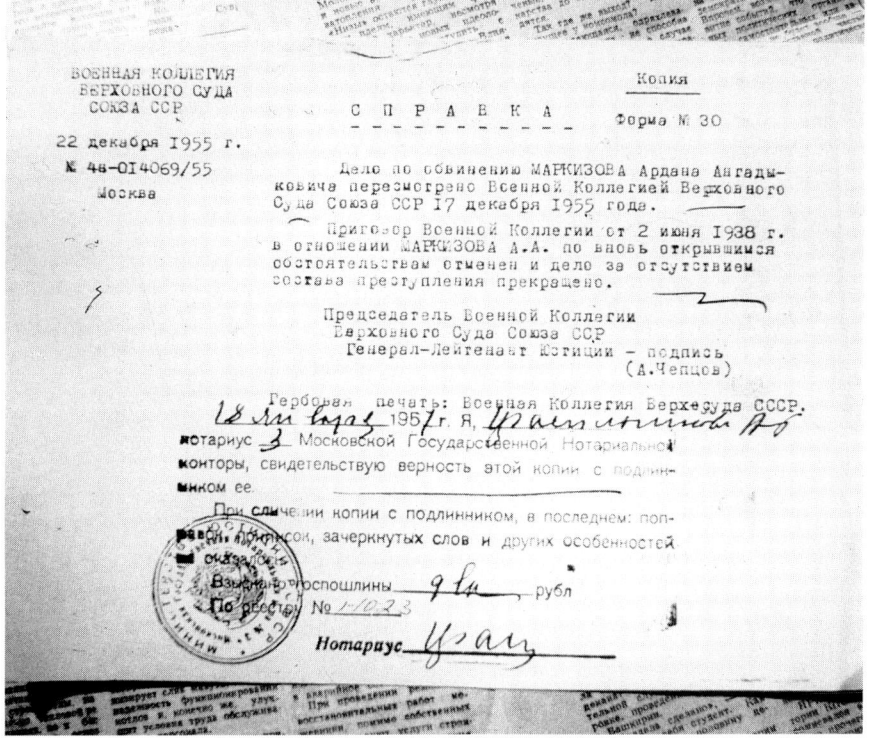

Dezember 1937, wurde auf einmal der Vater verhaftet. Als die Zeit der »großen Säuberung« begann, fiel Stalins Funktionär dessen eigenem Terror zum Opfer. »Hochverrat« warf man ihm vor, »Pan-Mongolismus«, »Spionage für Japan« und weitere hirngespinstische Verbrechen.

»Als Vater abgeführt wurde, sagte er uns: ›Macht euch keine Sorgen. Ich bin unschuldig. Die Partei wird alles aufklären. Ich komme bald zurück, denn ich habe nichts verbrochen.‹«

Wochenlang hörte die Familie nichts von seinem Verbleib. Dann beschlossen Gelja und ihre Mutter, dem »besten Freund« der Kinder einen Brief zu schreiben.

»Mutter diktierte, und ich schrieb. Ich erinnerte ihn an das Foto und an den Empfang im Kreml. Ich schrieb, daß mein Vater ganz bestimmt kein Volksfeind gewesen sei, sondern ein ehrlicher Kommunist. Er habe am Bürgerkrieg teilgenommen und immer nur das Beste für sein Land gewollt. Das Foto von Stalin und mir legten wir bei.«

Wochenlang kam keine Antwort. Dann wurde Geljas Mutter verhaftet.

»Sie saß ein Jahr lang im Gefängnis. Mein Bruder und ich wurden aus dem Haus geworfen und mußten zu unserem Onkel ziehen. Dort lebten wir in einem kleinen Zimmer. Da standen nur ein Bett, ein Tisch und ein Stuhl drin. Können Sie sich vorstellen, was das für mich bedeutete? Nach einem solchen Triumph? Ich schämte mich.«

Nach einem Jahr wurde Geljas Mutter aus der Haft entlassen und gleich darauf mit ihren Kindern nach Kasachstan verbannt.

»Sie haben damals nicht gewußt, daß Ihr Vater als ›Volksfeind‹ erschossen wurde?«

»Nein, das haben wir erst im Jahre 1955 erfahren. Da erhielten wir ein Dokument, in dem stand, daß er im Juni 1938 zu Unrecht erschossen wurde, aber jetzt rehabilitiert werde, weil er keine Verbrechen begangen habe. Und man schickte mir zwei seiner Monatsgehälter, Stand: Dezember 1937. Ich habe das Geld nicht angerührt.«

»Wie hat Ihre Mutter das alles verkraftet?«

»Mama hat es schwer gehabt. Sie arbeitete in Kasachstan als Ärztin in einem Kinderkrankenhaus. Eines Tages starb dort unter tragischen Umständen ein Kind. Man hatte es zu spät ins Krankenhaus gebracht. Seine Eltern beschuldigten Mama, sie habe das Kind absichtlich getötet, weil sie die Frau eines Volksfeindes sei. Es war eine furchtbare, ausweglose Situation für meine Mutter. Einen Tag später fand man sie – tot. Sie hat sich umgebracht.«

Gelja stützt ihren Kopf in die Hände und schluchzt: »Die Arme! Sie war erst zweiunddreißig Jahre alt. Wie hat sie leiden müssen!«

»Haben Sie Stalin damals nicht gehaßt? Er war doch schuld am Unglück Ihrer Familie?«

»Aber nein. Wir alle liebten ihn sehr und dachten, daß Stalin von

Das NKWD-Gefängnis von Nowosibirsk, Mitte der dreißiger Jahre. Auch Geljas Vater verschwand im Archipel Gulag.

alledem nichts wisse. Wir wußten zwar, daß viele Menschen verhaftet wurden, daß es Prozesse gegen Militärs gab. Doch wir hielten das für richtig und dachten, Stalin müsse eben gegen all die Feinde kämpfen, die es um ihn herum gab.«

»Was haben Sie empfunden, als Sie 1953 von Stalins Tod erfuhren?«

»Das war eine schreckliche Nachricht. Wir waren alle sehr traurig. Niemand brachte ihn mit dem Tod unseres Vaters und der Zerstörung unserer Familie in Zusammenhang. Erst nach dem XX. Parteikongreß 1956 und dem Bericht Nikita Chruschtschows erfuhren wir, welche Verbrechen Stalin wirklich begangen hat.«

»Sie waren vorher also immer noch nicht fähig, Stalin zu hassen?«

»Heute kommt mir das selbst ziemlich makaber vor. Heute weiß ich, daß es in der ganzen Welt keinen einzigen Menschen gibt, der so viele seiner Landsleute ermordet hat. Nicht einmal Hitler hat dies geschafft. Die Haare stehen mir zu Berge, wenn ich an die Erzählungen der wenigen denke, die Stalins Lager überlebt haben. Heute kann ich Stalin hassen. Aber Haß ist nur ein Teil meiner Emotionen. Bitte denken Sie daran: Die Tragödie meiner Familie ist die Tragödie von Millionen Familien. Wenn ich sehe, wie viele kluge Köpfe in Rußland vernichtet wurden, dann bekomme ich noch immer Angst.«

»Wie ging es nach dem Tode Ihrer Mutter weiter?«

»Es war sehr schwer. Als der Krieg ausbrach, wurden wir nach Ulan-Ude evakuiert. Wir litten Hunger. Wenn der Baikalsee nicht gewesen wäre... Fast jeden Tag gab's Weißfisch mit Kartoffeln. Doch das hat uns gerettet.«

»Und das Foto? Hat es Ihnen nicht geholfen?«

»Im Gegenteil, es hat mir geschadet. Ich war ja die Tochter eines Volksfeindes. Mein Name wurde aus den Bildunterschriften gestrichen und von den Sockeln der Skulpturen gelöscht. So jemand wie ich durfte

nicht mehr in den Armen Stalins liegen. Gelja Markisowa – dieser Name war verdammt und sollte vergessen werden. Man schrieb jetzt, daß das kleine Mädchen in Stalins Armen eine Baumwollpflückerin namens Mamlakat Nahangowa gewesen sei. So hat Stalin die Geschichte gefälscht.«

»Sie haben dann einen anderen Namen angenommen?«

»Ja, um den Verfolgungen zu entgehen. Meine Tante hat mich adoptiert. Mein Nachname blieb Markisowa, aber mit dem Vatersnamen hieß ich jetzt Sergejewna. Nur so konnte ich nach dem Krieg studieren; ich habe dann geheiratet und zwei Kinder bekommen. Nach Stalins Tod begann ich meine ganz persönliche Spurensuche. Ich sprach mit den Entlassenen der Lager, um etwas über Vaters Tod zu erfahren. Ganz allmählich setzte sich das Mosaik unserer Tragödie zusammen. Es war schrecklich.«

»Sind Sie sich in Sachen Stalin heute eigentlich ganz sicher? Oder haben Sie noch irgendwelche Zweifel?«

»Nein. Ich weiß jetzt, was die ganze Nation weiß: Stalin war ein Scheusal, ein Verbrecher. Ich möchte, daß er posthum vor Gericht gestellt, daß mit ihm abgerechnet wird. Es gibt für ihn keine Entschuldigung – außer daß er uns vor Hitler bewahrt hat.«

Als ich mich verabschiede, zeige ich noch einmal auf das Foto über dem Vestibül. »Aber warum hängen Sie sich dann dieses Bild auf? Erinnert es

Sie trotz der Tragödie Ihrer Familie doch an einen großen Tag in Ihrem Leben?«

Sie nimmt das Foto von der Wand und mustert es: »Sie werden es nicht glauben – aber wenn ich es mir heute anschaue, dann kommt es mir so vor, als ob ich das gar nicht selbst gewesen bin. Es ist eine andere Person. Und weil ich heute eine solche Distanz zu diesem Foto und auch zu Stalin habe, kann ich es mir an die Wand hängen.«

Eine Rechnung aber ist noch offen zwischen Gelja und dem »Woschd«. Ihre Uhr, Stalins Geschenk, wurde 1938 von der Partei beschlagnahmt. Jetzt soll sie angeblich im Moskauer Museum für sowjetische Geschichte sein – als konfisziertes Beutestück.

Also gehe ich mit Gelja ins Museum. Sie will ihre Uhr zurück. Als wir nach ihr fragen, fühlt sich niemand zuständig. Stalins Erbe macht auch in Perestroika-Zeiten immer noch Probleme. Doch schließlich bringt eine Angestellte eine kleine Kiste. Gelja öffnet sie: »Das ist nur der Deckel. Wo ist die Uhr?« Das Original befinde sich in der Registratur, erklärt die Angestellte, und außerdem *sei* diese Uhr ja Eigentum des Staates, oder?

Das sieht Gelja anders: »Nein, sie gehört mir. Ich will sie zurück. Das ist Stalin mir schuldig.«

Am 22. Januar 1992, drei Wochen nach dem Tode der Sowjetunion, erhielt Engelsina Markisowa ihre Uhr zurück. Sie hängt jetzt über dem Vestibül – neben dem Foto von Stalin und ihr.

Der
Grenzbruch

Der Grenzbruch

Wie findet man einen vom Wandel der Zeiten längst hinweggefegten Grenzübergang in einer heute weit und breit grenzenlosen Gegend? Spurensuche im Herzen von Polen, etwa auf halber Strecke zwischen Posen/Poznan und Danzig/Gdansk. Kaum ein Relikt erinnert heute noch daran, daß hier einmal zwanzig Jahre lang die Grenze zwischen Deutschland und Polen verlief, entlang der Linie, die wir mit Hilfe eines alten Schulatlas auf unserer Straßenkarte eingezeichnet haben. Eine Orientierungsstütze bleibt uns jedoch, die eine sehr lange Verfallszeit hat: das Gedächtnis der Bevölkerung.

Wir halten in einem kleinen Dorf vor einem einstöckigen Bauernhaus, an dessen Tür eine etwa vierzigjährige Frau lehnt. Keine Spur von Ablehnung oder Mißtrauen begegnet uns, als wir aus dem Mercedes mit deutschem Kennzeichen steigen und sie bei der Rekonstruktion einer dunklen Vergangenheit um ihren Rat bitten. Im Gegenteil, mit freundlichem Lächeln und in flüssigem Deutsch antwortet sie kurz entschlossen: »Laß uns fahren zu Onkel Tomasz!«

Und schon holpern wir über einen unwegsamen Pfad zur Schmiede des Onkels, die einsam auf einer Waldlichtung liegt. Onkel Tomasz hat sich auch mit seinen gut siebzig Jahren eine kräftige, kernige Gestalt bewahrt; er könnte glatt in Wagners »Ring« auftreten. Stube und Gesicht von Onkel Tomasz sind erhitzt von der Glut in einer Esse, die wohl noch aus »deutschen Zeiten« stammt. Bereitwillig beugt er sich über das Bild und die Landkarte, die wir ihm vorlegen; auch er zeigt sich zu unserer Überraschung aufgeschlossen.

Dabei wäre das Foto durchaus angetan, schlimme Erinnerungen, ja, unangenehme Ressentiments wachzurufen: Es zeigt Soldaten der deutschen Wehrmacht, die mit großem Vergnügen und offensichtlich triumphierender Überheblichkeit eine polnische Grenzschranke zerschmettern – als Symbol für die Unterwerfung einer Nation. Das Foto, das den deutschen Überfall auf Polen am 1. September 1939 dokumentiert, ist weltweit zum bildhaften Ausdruck für die Entfesselung des Zweiten Weltkrieges geworden.

Eingehend mustert der polnische Schmied sämtliche Einzelheiten auf dem Foto. Nein, das Bild sagt ihm nichts, aber er kann sich sehr wohl

Signal zum Angriff. Das Schulschiff »Schleswig-Holstein« eröffnet mit der Beschießung der Westerplatte bei Danzig den Zweiten Weltkrieg.

noch daran erinnern, an welchen Stellen in der Umgebung solche asphaltierten Übergänge einst über die Landesgrenze führten.

Und nur hier in diesem Landstrich, unweit des Städtchens Schneidemühl, polnisch: Pila, kann das Foto damals entstanden sein, versichert uns Hermann Rausch. Er war als Soldat mit dabei. In der Mitte des Bildes hinter dem Adlersymbol ist er gut zu erkennen – sein breites Lachen ist für die Geschichte verewigt. Rausch ist vermutlich der letzte Beteiligte, der heute noch lebt. Nach langwieriger Suche hatten wir ihn in Berlin ausfindig gemacht, und er hat sich spontan bereit erklärt, in Polen mit uns zusammen nach dem Schauplatz des damaligen Geschehens zu fahnden.

Wir folgen der Beschreibung des Schmieds durch die hügelige Landschaft. Die Grenzpfähle, Wachhäuschen und Schlagbäume von einst sind längst von der Bildfläche verschwunden – wie so oft und vielerorts in der leidvollen Geschichte Polens. Immer wieder wurde seine politische Landkarte vollständig verschoben; insgesamt fünfmal mußten die Polen ohnmächtig mit ansehen, wie die europäischen Großmächte ihr Land als Beutegut unter sich aufteilten – zuletzt 1939, als Hitler und Stalin in einem Geheimpakt die polnische Eigenständigkeit liquidierten.

Einzig die unterschiedliche Bauweise der Kirchen diesseits und jenseits der früheren Grenze ist heute noch Indiz dafür, daß der Landstrich früher das protestantische Pommern vom traditionell katholischen »Westpreußen« und schließlich von 1919 an Deutschland von Polen trennte. Die Abtretung des Gebietes um Bromberg und Posen an Polen war eine der Rechnungen, die Deutschland im Versailler Vertrag für die Niederlage im Ersten Weltkrieg zu zahlen hatte.

Nicht nur eingefleischten Nationalisten war dieser polnische »Korri-

Tatort Gleiwitz. Diesen deutschen Rundfunksender stürmten SS-Män-ner in polnischen Uniformen, um Hitler einen Vor-wand für den An-griff auf Polen zu liefern.

dor« zwischen Ostpreußen und dem Reich damals ein Dorn im Auge, und Hitler machte sich das verletzte Nationalgefühl geschickt für seine Expansionspläne zunutze. Während seine Propaganda die antipolnische Grundstimmung beständig weiter anheizte und seine Diplomaten auf dem internationalen Parkett das falsche Spiel der Friedensrettung insze-nierten, liefen hinter den Kulissen die Vorbereitungen für den Erobe-rungsfeldzug planmäßig an.

Für Hermann Rausch hatte das im August 1939 zur Folge, daß ein äußerlich recht friedlicher Sommer unverkennbar zu Ende ging:

»Ich war damals Wehrpflichtiger im ersten Dienstjahr, und Mitte August begannen bei uns schon die ersten sichtbaren Zeichen einer Mobilmachung, die ja dann am 26. August offiziell verkündet wurde. Dazu gehörte unter anderem, daß man die Reservisten unserer Einheit einberief. Am 28. August, es war an einem Sonntagabend, rückten wir von Spandau über Potsdam aus in Richtung Autobahnring. Wir sind die ganze Nacht über gefahren, bis wir dann vor Stettin die Autobahn verließen und über Landstraßen zu einem Truppenübungsplatz gelang-ten. Dort waren wir ständig in Alarmbereitschaft, auch wenn wir zwischendurch schon mal das Soldatenkino besuchen konnten. Am 31. August saßen wir also gerade in einer Filmvorführung, als es hieß: ›Fertigmachen zum Abmarsch!‹ Wir mußten sofort in den Bereitstel-lungsraum vorrücken.«

Genau in diesem Moment machte sich einige hundert Kilometer weiter südlich, in der oberschlesischen Grenzstadt Gleiwitz, ebenfalls ein Soldatentrupp zum Einsatz fertig – allerdings unter höchst konspirativen Vorzeichen. Auf das Codewort »Großmutter gestorben« hin schlüpften die Angehörigen der SS-Einheit, die sich seit vier Tagen im Tanzsaal eines Gasthofs versteckt gehalten hatten, in falsche polnische Uniformen und fuhren zu einem Sendegebäude am Rande der Stadt. Chef und Organisator der Aktion war SS-Sturmbannführer Alfred Naujocks, der vom berüchtigten Polizeichef Heydrich mit diesem Auftrag betraut worden war.

Um zwanzig Uhr stürmten fünf seiner Männer in polnischer Uniform mit vorgehaltener Maschinenpistole den Radiosender Gleiwitz. Der Telegrafenwerkführer, zwei Angestellte und ein Wachmann, die sich in dem Gebäude aufhielten, wurden niedergeschlagen und gefesselt. Um 20.12 Uhr unterbrachen Naujocks' Männer die laufende Sendung. Einer von ihnen verlas über ein Notmikrophon in polnischer Sprache einen Aufruf zum Widerstand gegen die Deutschen. Maschinengewehrsalven setzten den Schlußpunkt unter die vierminütige Ansprache. Vor ihrem Rückzug drapierten die SS-Soldaten den Leichnam eines KZ-Häftlings neben den Eingang, als wäre der Tote ein Angestellter, der während des vorgetäuschten Überfalls erschossen worden sei.

Daß dieser angebliche polnische Sturmangriff nur vorgetäuscht war,

»Seit 5.45 Uhr wird zurückgeschossen.« In seiner Rede in der Kroll-Oper am Morgen des 1. September 1939 tat Hitler so, als habe der Angriff später begonnen.

wußte niemand außer den Akteuren und ihren Auftraggebern. Hitler benutzte die hinterhältige Köpenickiade, um vor der Öffentlichkeit diese »unerträgliche Provokation« anzuprangern, die seiner »Friedfertigkeit« nun endgültig ein Ende setze. Die deutsche Führung hatte Vorwand und Rechtfertigung für den schon lange geplanten Überfall auf Polen selbst in Szene gesetzt.

Die meisten Deutschen schliefen noch fest, als am 1. September 1939 der Krieg begann. Nur die Grenzbewohner im Osten hörten den Lärm der Geschütze und der Flugzeugmotoren. Aus dem Volksempfänger ertönte neben Militärmusik auch Wilhelm Hauffs Morgenlied: »Morgenrot! Leuchtest mir zum frühen Tod?« – Für die Bevölkerung wurde die unheilvolle Vorahnung bald zur Gewißheit.

Die Stimmung war ohnehin gedämpft in jenen Tagen. Von Hurra-Patriotismus wie zu Beginn des Ersten Weltkrieges war nichts zu spüren. Zu tief saß den Menschen in Europa der Schrecken der Materialschlachten in Flandern und Verdun noch in den Knochen. Auch der dreiundzwanzigjährige Gefreite Hermann Rausch hatte bei seinem Auszug aus Potsdam eher betretene Gesichter registriert:

»Als wir durch Potsdam durchkamen, muß das etwa die Zeit gewesen sein, als die Kinos ihre Spätvorstellungen beendeten. Die Menschen standen an den Straßen und beobachteten, wie wir feldmarschmäßig ausrückten. Von Euphorie war aber nicht viel zu merken. Einige winkten, andere warfen sogar ein paar Blümchen, aber die meisten waren doch sehr nachdenklich gestimmt. Von einer Hurra-Stimmung oder gar von Revanchegelüsten gegenüber den Polen konnte keine Rede sein.«

Dennoch waren Goebbels' wochenlange Propagandasalven gegen den Nachbarstaat offenbar nicht ohne Wirkung geblieben:

»Man hat uns immer klarzumachen versucht, daß wir uns von den Polen nicht auf der Nase herumtanzen lassen dürfen. Es wurde immer so dargestellt, als würden sie die deutsche Bevölkerungsminderheit in ihrem Land drangsalieren und den Verkehr durch den polnischen Korridor nach Ostpreußen massiv erschweren, was allerdings ja auch offensichtlich war. In welchem Maß die Vorwürfe gerechtfertigt waren, konnten wir nicht feststellen. Wir fühlten uns jedenfalls im Recht. Uns allen erschien der Einsatz wie eine Strafaktion. Wir dachten, in wenigen Tagen würden wir die Polen zur Räson bringen und dann sei der Spuk zu Ende. Daß sich das später zu einem Weltkrieg ausweiten könnte, damit hat keiner von uns gerechnet.«

Wie gewohnt mit generalstabsmäßiger Präzision stellte sich die Wehrmacht an diesem 1. September 1939 in den Dienst von Hitlers Eroberungspolitik. Um 4.45 Uhr eröffnete das deutsche Schulschiff »Schleswig-Holstein« aus »allen Rohren« das Feuer auf die Westerplatte, das Ostufer des Danziger Hafens. Der angebliche »Freundschaftsbesuch« entpuppte sich damit als getarntes Angriffsmanöver. Die »Rückerobe-

rung« der Hafenstadt, die seit 1920 dem Völkerbund unterstand, war der Auftakt des Krieges. Gleichzeitig nahmen deutsche Artillerieeinheiten das polnische Grenzgebiet von der Ostsee bis zum Erzgebirge unter Beschuß.

Knapp eine Stunde später verbreitete der Rundfunk eine Proklamation Hitlers »An die Wehrmacht«, die den Angriff bemänteln sollte: »Der polnische Staat hat die von mir erstrebte friedliche Regelung nachbarlicher Beziehungen verweigert, er hat statt dessen an die Waffen appelliert.« Es folgte der übliche Hinweis auf den Terror der Polen gegen die Deutschen. »Um diesem wahnwitzigen Treiben ein Ende zu bereiten, bleibt mir kein anderes Mittel, als von jetzt an Gewalt gegen Gewalt zu setzen.«

In Blitzkriegsmanier drangen die deutschen Panzerverbände tief auf polnisches Territorium vor. Kurze Zeit später folgte in ihrem Schatten die Infanterie nach. Auch Hermann Rausch brach mit seiner Panzerabwehrkompanie im Morgengrauen Richtung Osten auf.

Nur: An welcher Stelle passierte seine Einheit in ihren Kübelwagen damals die zerstörte Grenze? Nach über einem halben Jahrhundert ist das schwer auszumachen. So unberührt die Landschaft wirkt, sie hat in all den Jahren ihr Gesicht gewandelt. Landstraße für Landstraße tasten wir uns vor, die Karte auf den Knien und die Hinweise der Einheimischen im Ohr. Längst hat die Sonne sich schon bedrohlich dem Horizont zuge-

Ein echter Grenzbruch. Hier beseitigen deutsche Soldaten wirklich polnische Grenzpfähle.

neigt, da spricht Hermann Rausch endlich die befreienden Worte aus: »Hier muß es gewesen sein.«

Und in der Tat, bei näherem Hinsehen ersteht das Bild wieder, wie es hier früher einmal ausgesehen haben muß: Das Haus am Rande der Straße war wohl eine ehemalige Zollstation, der Fluß neben dem Haus, über den eine Brücke führt, stand einst im Range des deutsch-polnischen Grenzflusses, und etwa an der Stelle, wo heute eine Tafel die Grenze zwischen zwei Woiwodschaften markiert, muß früher der Schlagbaum mit dem polnischen Adler die Straße versperrt haben. Mit vorsichtigem Mißtrauen beobachten die heutigen Bewohner des alten Grenzhauses unsere Inspektion vor Ort, aber von Ablehnung oder Feindseligkeit ist auch hier nichts zu spüren.

Als Hermann Rausch mit seiner Einheit damals die Grenze erreichte, hatten die Vorausabteilungen diesen Ort lange vor ihm schon passiert. Wie ist dann das berühmte Bild entstanden? Seine Antwort ist einigermaßen verblüffend, gleichwohl bezeichnend für viele historische Aufnahmen:

»Das Foto ist nachgestellt«, erzählt er lapidar. »Als wir gegen sechs Uhr morgens an diese Stelle kamen, lag der Schlagbaum schon abgebrochen neben seinem Bock. Wahrscheinlich hatten ihn die vor uns einrükkenden Panzerverbände zerstört. An dieser Stelle kam unser Vormarsch jedenfalls für einen kurzen Moment ins Stocken, und da rief der Bildberichterstatter, der unserer Kompanie zugeteilt war: ›Nehmt doch mal diesen Schlagbaum und tut so, als ob ihr ihn abbrecht!‹ Dieser Aufforderung sind wir bereitwillig nachgekommen, und er hat auf den Auslöser gedrückt. Die heitere Stimmung bei der Aufnahme kommt sicher daher, daß wir ja wußten, daß das ein gestelltes Foto ist. Wenn wir diejenigen gewesen wären, die den Schlagbaum tatsächlich hätten abbrechen müssen, hätte das wahrscheinlich etwas anders ausgesehen.«

Die kaltschnäuzigen Grenzbrecher – weltweites Sinnbild für teutonischen Eroberungsdrang –, alles nur ein Schauspiel für die Kamera?

Dann reduziert der Augenzeuge des Geschehens eine weitere Legende auf ihre groteske Wirklichkeit: Die schwarzuniformierten Schlagbaumträger sind nicht etwa SS-Männer, wie häufig gedeutet wurde – es sind polnische Grenzbeamte, die beherzt bei der Beseitigung ihrer eigenen Amtsgrundlage mit Hand anlegen!

»Die Polen, die auf dem Bild zu erkennen sind, haben uns sogar eifrig geholfen. Vielleicht haben sie geglaubt, wir wollen das Ding reparieren; ich kann es beim besten Willen nicht sagen. Sie schienen anzunehmen, daß sie uns einen großen Gefallen damit tun. Angst hatten sie jedenfalls nicht. Wir haben ihnen auch nichts zuleide getan. Dazu hatten wir auch keinen Grund. Die haben sich uns gegenüber nicht feindselig gezeigt.«

Zum Auftakt zeigte sich der Krieg für Hermann Rausch also von einer eher harmlosen Seite. Auch das erste Gefecht am Nachmittag beim

Übergang über den Bug blieb ein kurzes Scharmützel. Die polnische Armee war den weit überlegenen deutschen Truppen ausgeliefert.

Doch zwei Tage später erklärten Polens Schutzmächte Großbritannien und Frankreich dem Deutschen Reich den Krieg. Hitlers Wahn vom »Lebensraum« im Osten stürzte die Welt in eine blutige Schlacht. Am 17. September ließ auch Stalin seine Truppen, wie mit Hitler ausgeschachert, im Ostteil Polens einmarschieren.

Der Gedanke, daß er als Soldat im Dienst des Unrechts stehen könnte, ist Hermann Rausch, »wenn überhaupt«, erst sehr viel später gekommen.

»Als mir die Untaten der Deutschen Andersdenkenden und besonders den Juden gegenüber bekannt wurden, da kamen mir die ersten Zweifel, obwohl mir unsere Sache grundsätzlich gerecht erschien. 1943, als ich nach meiner Verwundung mit einer Einheit in die Ukraine verlegt wurde, da habe ich beobachtet, wie Juden in den Ghettos zusammengepfercht und dann zur Vernichtung abtransportiert wurden. In Dubno habe ich auch selbst gesehen, wie sie massenweise erschossen wurden. Das war schlimm.«

Auch diese Erinnerung bewegt den ehemaligen Soldaten, als er nun zum ersten Mal nach 1945 wieder Polens Grenze überschreitet – etwas weiter westlich. Und diesmal lacht er nicht mehr an dem Ort, an dem für ihn der Krieg begann – denn in den fast sechs Jahren nach jenem »Grenzbruch«, sagt er, »ist mir das Lachen gründlich vergangen«.

Spurensuche nach über einem halben Jahrhundert. Die Grenze, die Hermann Rausch als 23jähriger übertrat, trennt heute zwei polnische Woiwodschaften.

Der
Junge
von
Warschau

Der Junge von Warschau

In sein Gesicht steht eine ganze Tragödie geschrieben: Angst, Unverständnis, Verzweiflung spiegeln sich darin und, wie es scheint, auch eine dunkle Ahnung des kommenden Unheils. Der kleine Junge mit der viel zu großen Mütze, der vor dem Gewehrlauf verschreckt die Arme hochstreckt, ist zum bildhaften Inbegriff für das Leid des jüdischen Volkes geworden.

Zusammen mit anderen jüdischen Bürgern Warschaus wurde er von SS-Schergen aus einem Haus getrieben, zum Abtransport in eines der Todeslager. Menschen mit Bündeln und Taschen beladen: Sie trugen ihre letzten Habseligkeiten bei sich, Ernst und Entsetzen in ihren Mienen. Für die meisten von ihnen war es der Aufbruch zu einer Reise ohne Wiederkehr. Wie kaum ein anderes Bild zeigt das Foto das wahre Gesicht der millionenfachen Verschleppung in den Tod.

Der auslösende Gedanke des Fotografen, als er die Szene 1943 festhielt, war freilich ein anderer: Das Bild sollte das Dokument eines Triumphes sein. »Mit Gewalt aus Bunkern hervorgeholt« lautete ursprünglich der Kommentar unter dem Foto, und es gehörte zu einem Bildbericht, den der SS-Brigadeführer Jürgen Stroop nach der Vernichtung des Warschauer Ghettos seinem obersten Vorgesetzten Heinrich Himmler präsentieren wollte. In Schönschrift verkündete die Vollzugsmeldung auf der letzten Seite des Fotoalbums die ganze entsetzliche Wirklichkeit: »Es gibt keinen jüdischen Wohnbezirk in Warschau mehr.«

Das jüdische Ghetto in Warschau war während des Krieges einer der schlimmsten Wartesäle des Todes. Die deutschen Besatzer schoben jüdische Bewohner aus ganz Polen nach und nach in den hermetisch abgeriegelten Stadtbezirk ab. Bis zu vierhunderttausend Menschen drängten sich auf engstem Raum, im Schnitt mußten dreizehn Personen ein Zimmer teilen. Unrat, Hunger und Krankheiten forderten einen hohen Tribut, täglich wurden die Toten von den Straßen eingesammelt. Auf Geheiß der Eltern kletterten Kinder durch die Kanalisationsschächte auf die andere Seite der Mauer, um auf dem Schwarzmarkt den kostbaren Familienschmuck gegen eine Tasche voll Lebensmittel einzutauschen. »Wir meinen aus luftigem Raum in ein überfülltes, stinkendes Gefängnis zu kommen«, beschrieb der Ghettobewohner Ludwik Hirschfeld das

Links:
Die größte Menschenfalle der Geschichte. 400 000 Männer, Frauen und Kinder wurden im jüdischen Ghetto von Warschau auf engstem Raum zusammengepfercht.

Unten:
In Kellerräumen und Bunkern hatten sich die jungen Warschauer Juden während des Aufstandes verschanzt. Mit Feuer und Gas wurden sie von SS-Kommandos auf die Straße getrieben.

WOHNGEBIET DER
JUDEN
BETRETEN
VERBOTEN

Inferno. »Wir sind keine Menschen mehr, nur noch Teil einer abscheulichen Masse.«

Daß die eigentliche Hölle ihnen noch bevorstand, wurde für die Bewohner des Ghettos täglich mehr zur Gewißheit. Seit Sommer 1942 rollten fortlaufend die Transporte in das Vernichtungslager Treblinka. Aus der Verzweiflung wuchs Widerstand. Die jungen Juden Warschaus, die sich nicht wie Lämmer zur Schlachtbank treiben lassen wollten, griffen zu den Waffen. Von Mitte April bis Mitte Mai 1943 währte der ungleiche Kampf. Fast einen Monat brauchten die Kampfgruppen der SS, um mit unbeschreiblicher Grausamkeit den Aufstand niederzuschlagen. Dann wurde das Ghetto restlos vernichtet.

In jenen Tagen entstand dieses Bild.

Millionenfach ist es inzwischen weltweit veröffentlicht worden und mahnt zum Gedenken an die unzählbaren anonymen Opfer des Holocaust. Auch von den Menschen, die auf dem Bild zu sehen sind, dürfte es mit hoher Wahrscheinlichkeit das letzte Lebenszeichen sein.

Doch in einer Kleinstadt bei New York treffe ich auf einen Mann, der sich selbst in dem kleinen Jungen auf dem Foto wiederzuerkennen meint. Tsvi Nussbaum, Jahrgang 1935, betreibt eine gutgehende Praxis für Hals-Nasen-Ohren-Krankheiten und nebenbei auch noch ein bißchen Plastische Chirurgie – »für all die vielen Geschiedenen, die für ihr neues Leben unbedingt auch eine neue Nase brauchen. Von ihnen lebe ich.«

Das Wartezimmer verbreitet den aseptischen Charme, den solche Räume immer haben: Stühle mit Plastikbezügen, eine Wandverkleidung aus imitiertem Holz und pflegeleichtes Linoleum als Fußbodenbelag. Die ausgebleichten Vorhänge mildern die Sonnenoffensive durch die breite Fensterfront etwas ab. Einziges Dekorationsstück ist ein Makrame-Blumentopf, der von der Decke baumelt.

Um so deutlicher sticht ein Blickfang an der Wand des Wartezimmers ins Auge: das Foto von der Razzia in Warschau; rechts daneben in Vergrößerung ein Bildausschnitt mit dem kleinen Jungen, der die Arme hochhebt, darunter ein weiteres Knabenkonterfei: Tsvi Nussbaum im Alter von zehn Jahren.

»Urteilen Sie selbst«, scheint die unausgesprochene Empfehlung zum Vergleich beider Fotos zu lauten, und in der Tat: Der eine Junge sieht so aus, als sei er dem anderen aus dem Gesicht geschnitten. Der Arzt ist zurückhaltend, aber freundlich. Haar und Bart sind grau geworden. Durch die Brillengläser hindurch begegnet mir ein Blick von tiefer Skepsis.

Tsvi Nussbaum hat als einziger seiner Familie überlebt. Bruder, Eltern, Großeltern, Urgroßmutter – sie wurden alle in den Gaskammern von Treblinka ermordet.

Warum hängt in seinem Wartezimmer dieses Bild?

42   »Mir vergegenwärtigt es vor allem einen Tag in meinem Leben, an den

Oben:
Die Überlebenden
des Ghettoauf-
stands wurden in
die Vernichtungs-
lager deportiert.

Links:
»Es gibt keinen
jüdischen Wohn-
bezirk in War-
schau mehr.« SS-
Einheiten mach-
ten nach dem Auf-
stand das Ghetto
dem Erdboden
gleich.

ich mich erinnere, als wäre es gestern gewesen. Es gibt viele Dinge, die mir nicht im Gedächtnis geblieben sind oder die ich verdrängt habe. Aber dieses Bild – verstehen Sie – geht mir nie aus dem Sinn. Und wenn jetzt irgend etwas nicht so gut läuft oder wenn ich deprimiert bin, sage ich mir: ›Wenn ich diesen Tag damals überlebt habe, dann gibt es keinen Grund für mich, über irgend etwas anderes in der Welt noch deprimiert zu sein.‹«

Geboren wurde Tsvi Nussbaum in Palästina. Seine Eltern waren aus Polen ausgewandert, um in der jüdischen Heimstatt eine sichere Existenz aufzubauen. Doch das Klima dort war durch andauernde Konflikte mit der arabischen Bevölkerung und den britischen Behörden schwer belastet; das Leben im Gelobten Land gestaltete sich schwierig für die junge Familie.

Deshalb kehrten die Eltern 1939 nach Polen zurück; sie ahnten nicht, daß sie direkt in ihr Verderben fuhren. Ende August trafen sie in Sandomircz, im Südosten Polens, ein. Wenige Tage später besetzten deutsche Truppen die Stadt. Hitler hatte nie verhehlt, was für ihn auch Ziel dieses Eroberungsfeldzuges war: »Die Vernichtung der jüdischen Rasse in Europa.«

In den folgenden Jahren zerbrach die Welt des kleinen Tsvi Nussbaum. Die Nationalsozialisten ermordeten seine ganze Familie, der Siebenjährige blieb allein zurück. Er überlebte, weil eine Freundin seiner Mutter sich seiner annahm, trotz der Gefahr.

»Sie brachte mich nach Warschau zu meiner Tante und meinem Onkel, die wirklich wie Eltern zu mir waren, und ich blieb mit ihnen im ›arischen‹ Teil Warschaus von September 1942 bis Juli 1943«, erinnert sich der Arzt.

Für das heimliche Versteck außerhalb des Ghettos mußten sie teuer bezahlen, an Vermieter und erpresserische Nachbarn, die den Aufenthaltsort anzuzeigen drohten. Nach der brutalen Niederschlagung des Aufstands hinter den Ghettomauern wurde die Lage für die untergetauchten Juden auch im »arischen« Teil der Stadt aussichtslos. In die furchtbare Ungewißheit tauchte ein Gerücht wie ein Rettungsanker:

»Wir hörten von diesem Hotel ›Polski‹. Es hieß, daß die Deutschen uns von dort in unsere Heimatländer zurückschicken würden, wo immer wir auch herkamen.« Dem lag kein humanitärer Akt zugrunde, sondern ein perfides Tauschgeschäft. Jüdische Bürger mit ausländischen Pässen sollten in dem kleinen Warschauer Hotel festgehalten werden – als Geiseln, ihren Herkunftsländern gegen Lösegeld zum Freikauf feilgeboten. Der Plan schlug fehl, weil kein Land sich auf den Menschenhandel einließ.

Doch dem Heer der Todgeweihten erschien das Hotel »Polski« zunächst wie eine letzte Insel der Hoffnung. Zu spät, erst nach dem Abtransport, erkannten sie den Betrug. Nicht die Freiheit, sondern das Konzentrationslager Bergen-Belsen war das Ziel ihrer Reise.

Unter den Deportierten, die am 13. Juli 1943 vor dem Hotel »Polski«
von den Gewehrläufen der SS-Männer zum Sammelpunkt gelotst wurden, war auch der kleine Tsvi. Und dieser Augenblick, so nimmt er heute
an, ist auf dem Bild dokumentiert:

»Das Foto entstand, als die Deutschen uns befahlen, auf die Lastwagen
zu steigen, angeblich mit dem Reiseziel Palästina. Sie riefen meine Tante
und meinen Onkel auf, aber *mein* Name stand nicht auf ihrer Liste. Ich
spürte, daß etwas nicht in Ordnung war, da bereits andere Leute
aufgerufen wurden. Also lief ich auf eigene Faust auf den Lastwagen zu.
In dem Moment befahl mir ein deutscher Soldat, der sein Gewehr auf
mich richtete, die Hände zu heben. Das ist mir noch ganz deutlich im
Gedächtnis.«

Der bewaffnete Sicherheitspolizist auf dem Bild ist als einziger zwei-
felsfrei identifiziert. Der ehemalige Kellner Josef Blösche, wegen seiner
Mordlust bei den Warschauer Juden als »Frankenstein« berüchtigt,
wurde 1969 in Erfurt zum Tode verurteilt. Ebenso wie sein gnadenloser
Vorgesetzter Jürgen Stroop, der siebzehn Jahre zuvor in Warschau am
Strick endete, spürte er bis zuletzt keine Spur von Reue. Die Untaten, für
die sie vor Gericht in der Hauptsache zur Verantwortung gezogen
wurden, geschahen im April und Mai 1943. Tsvis Abtransport aus dem
Hotel »Polski« dagegen erfolgte erst Mitte Juli – beinahe zwei Monate
nachdem der in Stroops Bildbericht dokumentierte Ghettoaufstand

Oben links:
*Ein Waisenkind:
Der kleine Tsvi
Nußbaum nach
der Befreiung
1945 mit Onkel
und Tante in
Belgien.*

Oben rechts:
*Tsvi Nußbaums
Eltern fielen dem
Holocaust zum
Opfer.*

45

niedergeschlagen war. Das Ghetto hat er nie betreten. Wie fügt sich das zusammen?

Tsvi Nussbaum antwortet überlegt und abgewogen, seine Worte sind frei von jedem doktrinären Eifer:

»Der SS-General Jürgen Stroop blieb noch bis September 1943 in Warschau. Nachdem schon allgemein bekannt war, daß das Warschauer Ghetto zerstört war, gab es für ihn keinen Grund, sich mit dem Bildbericht übermäßig zu beeilen. In dem Album sind viele Fotos enthalten, die im Zusammenhang mit dem Ghettoaufstand keinen Sinn ergeben. So gibt es da eine Aufnahme von zwei Personen, vermutlich Juden, mit einer fürchterlichen Rückgratverkrümmung. Was hat das mit dem Aufstand zu tun?«

Aber wieso tragen die Menschen auf dem Foto schwere Winterkleidung? Das spricht doch nicht gerade für eine Aufnahme im sonnigen Juli?

»Wenn man deportiert wird, trägt man die dicksten Kleidungsstücke, die man besitzt. Was immer man besitzt, nimmt man mit. Der kleine Junge trägt kurze Hosen, er hat einen hübschen schwarzen Mantel, schöne Schuhe und Strümpfe. Und genauso, erinnert sich meine Tante, war ich gekleidet. Sie muß es wissen; ich war damals gerade acht Jahre alt.«

Auch andere Einzelheiten auf dem Bild werfen Fragen auf. Wenn das Foto untergetauchte Juden im »arischen« Teil der Stadt zeigt, wieso tragen dann mindestens zwei Personen weiße Armbänder mit – vermutlich – dem Davidstern? Wenn es nur um den Abtransport von Zivilisten geht, wieso erscheinen die SS-Leute in Kampfuniform?

Solche Fragen verlangen neue Erklärungen. Doch Tsvi Nussbaum überläßt dieses Feld gerne den Historikern und Bildgelehrten. Für ihn ist das Foto deshalb wichtig, weil es ihn wie eine Rückblende in seine eigene vergessene und verdrängte Vergangenheit zurückversetzt. Der kleine Junge aus Warschau, der dem kleinen Tsvi so verblüffend bis aufs Haar gleicht, hat einen entscheidenden Moment seines Lebens wieder lebendig gemacht. Ein Überlebender des Holocaust, den er durch seine Arztpraxis kennt, hat ihn nach einem genauen Vergleich der Fotos in der Ansicht bestärkt, daß er mit dem Kind auf dem Bild identisch ist. Kommt es ihm selbst sehr darauf an, sich in diesem Jungen wiederzufinden?

»Nein, das ist für mich überhaupt nicht wichtig. Ich habe oftmals gesagt, ich wünschte, daß ich es nicht bin und dieser Junge ebenfalls heute noch lebt. Das würde nämlich bedeuten, daß damals ein anderer kleiner jüdischer Junge überlebt hat.«

Tsvi Nussbaum hatte das Glück, die Haft im Konzentrationslager lebend zu überstehen. Aber man hatte ihm die Kindheit ausgelöscht, er kam aus dem Nichts. Nach einem Zwischenaufenthalt in einem Kibbuz ging er 1951 nach New York. Dort studierte er Medizin, in der Hoffnung, seinem Onkel helfen zu können, dem in der Gefangenschaft der Kehl-

Der Arzt Tsvi Nußbaum glaubt, in dem kleinen Jungen aus Warschau sich und seine eigene Geschichte wiederzufinden.

kopf ruiniert worden war. Eine kleine Entschädigung sollte es sein für das, was er dem Onkel zu verdanken hatte. Doch die Kunst der Medizin reichte nicht aus, um die Spätfolgen der Haft zu heilen.

Auch bei Tsvi Nussbaum haben die Jahre der Verfolgung, des Verlustes der Familie unheilbare Wunden hinterlassen. Er kann nicht vergessen, er kann nicht verzeihen.

»Ich glaube nicht, daß irgend jemand in der Lage ist zu vergessen, was geschah. Wenn Sie Ihre Eltern verlieren, wenn Sie Ihren zwei Jahre alten Bruder verlieren, wenn Sie drei Großeltern, eine Urgroßmutter verlieren, wie können Sie dann vergessen? Und wenn ich nicht vergessen kann, vielleicht bin ich dann auch nicht groß genug, um zu verzeihen.« Heute steht im Mittelpunkt des Lebens von Tsvi Nussbaum seine eigene Familie. Er hat es geschafft, seinen vier Töchtern das zu geben, was ihm selbst nie vergönnt war: ein sicheres Zuhause.

»Ich arbeite nicht für mich, ich arbeite nur für meine Kinder. Ich habe das Bedürfnis, ihnen das zu geben, was ich selbst nicht hatte. Früher habe ich ihnen gegenüber kein einziges Wort über den Holocaust verloren. An viele Dinge konnte ich mich einfach auch nicht mehr erinnern. Außerdem wollte ich nicht noch einmal all das wachrufen, was ich erleben mußte. Aber dieses Bild, glaube ich, war für mich der Weg, ihnen nun auf indirekte Weise doch noch mitzuteilen, was ich oder was andere Menschen durchgemacht haben.«

Die Zwillinge von Auschwitz

Die Zwillinge von Auschwitz

Im Park von Yad Vashem, der Holocaust-Gedenkstätte am Rande von Jerusalem, streckt sich ein merkwürdiges Mahnmal in den Himmel. Ein schwarzer Obelisk, drei Meter hoch und achtzig Zentimeter breit, soll marmornes Symbol des Todes sein. Vor ihm auf dem Boden liegen, schutzlos preisgegeben, steinern zart zwei Hälften eines Eis. Die eine Hälfte ist intakt, die andere in viele kleine Stücke zerschnitten.

Auf dem Sockel eingemeißelt eine Inschrift: »Die Zwillinge von Auschwitz«.

»Ja, so war es«, sagt die Frau, mit der ich diese Mahnstätte besuche. »Wir waren schutzlos, kleine Kinder, wir gehörten ihm. Er machte mit uns, was er wollte.«

Vera Kriegel, Überlebende des Holocaust, war einer jener »Zwillinge von Auschwitz«, die vom KZ-Arzt Josef Mengele mißbraucht worden waren. Am 27. Januar 1945 wurden sie von der Roten Armee befreit. Zwischen Bergen von Spielzeug, Puppen, Schuhen, Strümpfen, Kleidern, Brillen und Haaren von Hunderttausenden ermordeter Kinder stießen die Soldaten Stalins auf ein elendes Häuflein verängstigter Fünf- bis Sechzehnjähriger, die gar nicht fassen konnten, daß sie jener irdischen Hölle mit knapper Not entronnen waren.

Die Spuren der gewaltsamen Trennung von ihren Eltern und Geschwistern, von Hunger, Krankheit, Leid und Not trugen sie auf ihren Körpern und in ihren Seelen – einhundertachtzig von dreitausend Zwillingen. Die anderen sind tot, im Feuer von Auschwitz verbrannt.

Das Foto der Befreiung zeigt, wie die Zwillingsschwestern Vera und Olga Grossmann mit einem Dutzend anderer Kinder durch eine stacheldrahtumzäunte Gasse gehen, beschützt von einer Krankenschwester, dick vermummt in viel zu großen Häftlingskleidern. Dies ist ein trauriges und trotzdem schönes Foto. Es steht für die Befreiung – aber eben nur ganz weniger.

Sie waren nicht lange in Auschwitz gewesen, nur acht Monate. Doch diese Zeit an diesem Ort ist länger als ein ganz normales Menschenleben.

Als Vera und Olga mit ihren Eltern im Frühjahr 1944 auf der Rampe von Birkenau eintrafen, hatten sie eine Schreckensfahrt von sieben Tagen hinter sich – eingepfercht in Viehwaggons der Deutschen Reichsbahn, ohne Nahrung und, was schlimmer war, auch ohne Wasser: Einhundert-fünfundachtzig Menschen waren bei der Abfahrt in ihrem Viehwaggon registriert, einhundertdreiundzwanzig lebten bei der Ankunft noch.

Die Rampe von Birkenau sieht heute noch genauso aus wie damals. Ich war im Monat Dezember da, als Nebelschwaden dem maroden Bild, das sich mir bot, ein Stück von unwirklicher Scheinbarkeit beimischten. Auschwitz eins, das alte Stammlager, erweckt mit einiger Bemühung noch den Anschein von gräßlicher Normalität – es ist, trotz aller Greuel, auch ein Stück von Kontinuität des Schrecklichen in ihm, das es ja immer gab.

Doch Auschwitz zwei, das nur zum maschinellen Morden hochgezo-gene Lager Birkenau, ist die totale Gegenwelt: kilometerweit nur Stachel-draht, Baracken, Wachtürme – Tatort für millionenfachen Mord nach Plan, mechanisch, systematisch, gründlich.

Heute suchen ein paar Dutzend schlechtbezahlte polnische Museums-wächter dieses »Weltdenkmal« für eine Mit- und Nachwelt zu erhalten, die mit alldem nichts zu schaffen haben will. Auschwitz-Birkenau verfällt.

Damals herrschten hinter dieser stacheldrahtumzäunten Welt die Toten-kopfverbände der SS. Als die Grossmanns, fast besinnungslos vor Durst, in die gleißende Helle der Rampe hinausgestoßen wurden, war es für die kleine Vera wie ein Alptraum: »Ich hatte das Gefühl, auf einer Bühne zu stehen, in einem ziemlich unwirklichen Stück.«

Polnische Kapos mit wütend bellenden Schäferhunden trieben die schwankenden Neulinge wie Schafe zu Kolonnen. Am Ende der Rampe stand ein hochgewachsener, schlanker Mann in der grauen Uniform eines Hauptsturmführers der SS: Dr. Josef Mengele, der Lagerarzt von Ausch-witz.

Er befahl die Selektion: die Arbeitsfähigen zu einer Gnadenfrist nach rechts, die Kranken, Alten, Schwachen gleich nach links, ins Gas. Männer wurden von Frauen getrennt, Familien zerrissen.

Achtundvierzig Jahre später, in der Wüste Negev, in einem Haus am Rande von Dimona, der Stadt des israelischen Atommeilers, sitzt mir Vera Kriegel, geborene Grossmann, gegenüber. Sie hat Mengele und Auschwitz überlebt. Um welchen Preis? Und warum sitzt sie mir alleine gegenüber, ohne ihre Zwillingsschwester?

»Olga ist zerbrochen, körperlich und seelisch. Sie hat Auschwitz nicht verkraften können.«

»Geht das überhaupt?«

»Nein. Oft sehe ich im Traum die Selektion vor mir. Sie haben mir meinen Vater weggenommen. Ich habe ihn nie mehr wiedergesehen.«

Das sagt sie monoton und fast geschäftsmäßig. Interviews sind dieser Frau nicht fremd. Kennt sie das zynische Wort, das mir die Leiterin von Yad Vashem zuflüsterte: »It's no business like shoa business«?

»Meine Tränen habe ich geweint bis 1973, als im Jom-Kippur-Krieg unser Schicksal wieder auf der Kippe stand. Da aber habe ich mir gesagt: ›Nie wieder sollen sie mich kriegen. Nie wieder bin ich schwach.‹ Und seitdem weine ich nicht mehr.«

Wie also war das damals? Als sie angekommen war in dieser Gegenwelt von Auschwitz und auf der Rampe die Prozedur der Selektion erlebte, hörte sie auf einmal einen Ruf, der mehrfach wiederholt wurde: »Zwillinge raus, Zwillinge raus, Zwillinge raus!«

»Ist es gut, wenn wir uns melden?« fragte Mutter Grossmann den SS-Mann neben ihr, der die Kolonne zu bewachen hatte. »Ja, das ist gut!« flüsterte der. Also nahm die Mutter ihren ganzen Mut zusammen und meldete sich: »Ich habe Zwillinge!«

»Kommt her«, sagte Mengele und musterte das abgezehrte Trio kritisch. »Du bist Arierin«, meinte er zur Mutter, die dem Idealtyp einer gern gebärenden Germanin, blondhaarig und blauäugig, entsprach. »Nein, ich bin Jüdin«, erwiderte sie trotzig. »Und deine Kinder? Sind das wirklich deine?«

Die Frage schien aus seiner Sicht nicht unberechtigt, denn Augen und Haare der Zwillinge waren rabenschwarz. »Du siehst aus wie eine Zigeunerin«, befand der Lagerarzt, während er Vera fixierte. »Na egal, Hauptsache ihr seid Zwillinge.«

Das war die erste Begegnung mit dem Mann, der nicht nur an der Rampe Herr über Leben und Tod in Auschwitz war. Er war nicht der einzige Lagerarzt, doch der, der allen, die mit ihm zu tun hatten, schmerzhaft im Gedächtnis bleibt.

Mengele hatte ein besonderes Interesse an Zwillingen. Eigentlich war er nur deshalb in Auschwitz. Im Auftrag seines wissenschaftlichen Mentors, Professor Verschuer vom Berliner Kaiser-Wilhelm-Institut, sollte er »Zwillingsforschung« betreiben. Damit wollte Mengele sich habilitieren und Professor werden.

Der Arzt sah in den Zwillingen nichts anderes als menschliche Objekte einer mehr als fragwürdigen »humangenetischen Forschung«. Welchen Zweck seine sadistischen »Experimente« im einzelnen verfolgten, wissen wir nicht. Wahrscheinlich träumte er davon, dem »Geheimnis« von Zwillingsgeburten auf die Spur zu kommen. Hatte er den Ehrgeiz, seinem »Führer« eines Tages eine Zauberformel auf den Tisch zu legen, mit der deutsche Frauen die dringend benötigten Junggermanen zur Besiedelung des »Lebensraums im Osten« im Geburtsfall jeweils doppelt liefern konnten?

Gleich nach der Ankunft wurden die erfaßten Zwillinge isoliert, geduscht und mit glühenden Eisen tätowiert. Sie wurden vermessen, untersucht, registriert – und dann oft gleich für Organuntersuchungen umgebracht.

Der Lagerarzt von Auschwitz spritzte Bakterien in den Kreislauf,

öffnete Schädel und entnahm den Körpern Teile von Organen. Auf diese Weise starben Tausende von Zwillingen. Doch von der Rampe kamen immer wieder neue.

Seltsam, daß der erste Eindruck Vera Kriegels aber nicht Verzweiflung und Todesangst war, sondern Scham: »Man demütigte uns. Wir waren noch Kinder, kleine Mädchen. Wir mußten uns nackt ausziehen und auf Kommando bewegen. Die SS-Männer lachten über uns, und wir weinten vor Scham. Es war eine unbeschreibliche Qual.«

Trotz alledem waren Zwillinge in Auschwitz wohl die einzigen, deren Schicksal nicht von vornherein besiegelt war. Sie hatten nicht nur eine Gnadenfrist, sondern obendrein noch eine winzig kleine Chance zu überleben, weil sie Zwillinge waren. Doch um welchen Preis? »Wenn wir auf Mengeles Experimentiertisch geschnallt wurden, wußten wir nie, was als nächstes mit uns geschieht. Wir fühlten eine kalte Hand auf dem Rücken, ein Stethoskop, und dann eine Spritze, die furchtbar weh tat. Wir hatten entsetzliche Angst.«

Das läßt Vera Kriegel heute immer noch nicht ruhig schlafen: die Erinnerung an die unvorstellbare Grausamkeit eines Arztes, der die Kinder streichelte, obwohl er sie tödlichen Viren aussetzte. Die Kleinen riefen ihn voller Vertrauen »Onkel Josef«, bevor er sie mit einer Evipan-Spritze ins Herz ermordete.

Marc Berkowitz, ein anderer Überlebender der »Zwillinge von Ausch-

Die Rampe von Auschwitz: Hier entschieden die SS-Lagerärzte mit einer Handbewegung über Leben und Tod.

witz«, erzählte mir: »Mengele pflegte drei verschiedene Uniformen zu
tragen – jede hatte eine bestimmte Bedeutung. Wenn er den weißen Kittel
trug, war er behandelnder Arzt, wenn er einen blauen trug, war er
experimentierender Arzt, wenn er schließlich in der grauen Uniform
erschien, war er ein nüchterner und kalter Wissenschaftler. Was bedeutete das für uns?

Wenn Mengele weiß gekleidet war, wußten wir, daß er freundlich sein
würde. Wenn er in Blau kam, bedeutete das für uns, daß wir auf einen
Operationstisch geschnallt wurden, daß er uns viel Blut abnahm, Spritzen
injizierte, Experimente mit Chemikalien oder mit unseren Augen
machte. Erschien Mengele aber in grauer Kleidung, so war er eiskalt, und
wir wußten, daß wir nur noch Puzzleteile in einem riesigen medizini-
schen Versuch waren.«

Mengele trug seine graue Uniform, als er Vera und Olga Kriegel
Injektionen unbekannten Inhalts spritzte. Die Zwillinge bekamen Haut-
beulen am ganzen Körper, die sich nach wenigen Tagen öffneten und
eiterten.

Behandelt wurden diese Wunden nicht. Statt dessen schickte sich der
Lagerarzt an, Bluttransfusionen von einem zum anderen Zwilling vorzu-
nehmen.

»Man sagte uns, daß sie das Blut, das sie den Zwillingen abnahmen,
schwangeren deutschen Frauen geben würden, um zu sehen, ob diese

dadurch Zwillinge bekommen könnten. Zweimal sah ich mit eigenen Augen, wie sie einem Kind so lange Blut abnahmen, bis es ohnmächtig von seinem Stuhl fiel. Dieser Versuch diente dazu, herauszufinden, wieviel Blut man einem Kind abnehmen kann, bevor es stirbt.«

Sterben mußten Vera und Olga nicht – doch sie durchlebten die ganze Palette der Leiden, die Mengele für »seine« Zwillinge bereithielt. »Es ging ihm bei uns um die Augen. Man stelle sich vor: Er hatte einen großen Kasten, darin waren echte menschliche Augen aufgehängt, in allen möglichen Farben. Da mußten wir reinschauen, und dann wurde verglichen – zwischen den Augen der Toten und denen der Lebenden. Einen Tag später träufelte er uns eine Lösung in die Augen, um zu sehen, ob sich die Farbe veränderte.«

Überlebende Leidensgenossen von Vera und Olga verloren bei diesen makabren Experimenten ihr Augenlicht, andere das Sprachvermögen. Ephraim Reichenberg, der heute in Berscheva, gar nicht weit von Veras Heimatort Dimona, lebt, hat keine Stimme mehr. Er kann sich nur noch mühevoll mit einem Sprechgerät verständlich machen, das er beim Reden an den Hals hält, mit metallisch monotonem Klang: »Jede Woche wurden Experimente an mir durchgeführt. Am Ende brachte man mich immer in einen speziellen Untersuchungsbau, dort wurde mir eine Flüssigkeit direkt in die Halswurzel gespritzt. Mein Hals blähte sich auf. Ich bekam hohes Fieber, Übelkeit und erbrach mich. Am Ende war meine Stimme völlig zerstört.«

Es mutet fast schon zynisch an, daß sein Sprechgerät ein deutsches Fabrikat ist. Warum benutzt er das Produkt einer Kölner Firma? Er versteht meine Frage: »Deutsche haben mir meine Stimme genommen. Also ist es doch nur recht und billig, daß Deutsche sie mir wieder geben.«

Am Abend kommt Moshe Offer zu Besuch nach Dimona, ein anderer überlebender Zwilling von Auschwitz. Seinen Bruder Tibi hatte Mengele sich für spezielle Experimente ausgesucht: »Erst hat er sein Rückenmark herausgenommen. Da konnte Tibi nicht mehr gehen. Dann hat er seine Geschlechtsorgane wegoperiert. Nach der vierten Operation habe ich Tibi nicht mehr wiedergesehen. Ich kann Ihnen nicht erzählen, was ich gefühlt habe. Ich kann es nicht in Worte fassen. Sie haben mir meinen Vater genommen, meine Mutter, meine beiden älteren Brüder – und am Ende auch meinen Zwillingsbruder.«

Doch jede neue Perversion war für die Überlebenden auch Aufschub auf dem Weg in die Gaskammer. Seit November 1944 hörten die Zwillinge von Auschwitz das Grollen der nahenden Ostfront. War das ein Hoffnungsschimmer, eine wahre Chance?

»Diejenigen von uns, die stark genug waren, hofften natürlich. Aber vielen war das Hoffen längst vergangen. Wir fühlten uns so ausgeliefert. Wir waren ja noch Kinder.«

Das ist es, was die Überlebenden der Zwillinge von Auschwitz heute noch verstört, auch Vera: »Wir hatten damals keine Ahnung, was Mengele mit uns tat. Wir waren Kinder und verstanden nichts. Bis heute wissen wir nicht, welche Mittel er uns gab und welchen Sinn das haben sollte.« Und Moshe Offer sagt: »Ich will es endlich wissen: Was steckt in meinem Körper? Welches Gift hat Mengele mir gespritzt? Ich bin behindert. Mein Körper zittert. Ich bekomme epileptische Anfälle. Das ist kein Leben mehr.«

Antwort hätte nur der Lagerarzt von Auschwitz selber geben können. Doch der hat alle seine Unterlagen mitgenommen, als er untertauchte. Inzwischen ist er tot, die Akte geschlossen. Die Protokolle der perversen Versuche sind verschollen.

Alle Zwillinge, auch Vera, hatten inständig gehofft, daß er noch leben würde, als im Jahre 1991 erneut Zweifel auftauchten, ob der »Tote von Embu«, den man 1985 für tot erklärt hatte, wirklich Mengele war. Doch die Hoffnung trog.

Damals, 1945, kurz nach der Befreiung, war das alles noch offen. Doch die Freude, daß man überlebt hatte, dauerte nicht lang. Zu viele waren tot, die Überlebenden gezeichnet. Die meisten Kinder waren ganz auf sich allein gestellt. Ihre Familien waren ermordet, die Elternhäuser zerstört. Die meisten emigrierten nach Israel, Amerika – oder gingen zurück nach Ungarn. Doch überall wurden sie immer wieder von der mühsam unterdrückten, schrecklichen Vergangenheit von Auschwitz eingeholt.

Ein Zwilling schrie auf einmal Jahre später: »Heil Hitler!« Ein anderer wurde ständig ohnmächtig. Wenn Zwillingsmädchen schwanger wurden, fragten sie sich: Würden ihre Kinder gesund sein?

Nicht in allen Fällen waren sie es. Bei den ungarischen Zwillingsschwestern Vera und Magda Szatler leidet auch die zweite Generation an Folgeschäden. Der Lagerarzt hatte beiden Mädchen Chemikalien in die Augen geträufelt, um sie arisch blau zu färben. Seitdem müssen beide Schwestern ständig Sonnenbrillen tragen. Sie sind zu hundert Prozent Invaliden – mit grausamen Folgen. Veras Tochter ist mit grünem Star geboren worden. Als sie drei Jahre alt war, mußten ihre Augen entfernt werden.

Ich bin mit Vera Kriegel wieder nach Jerusalem gefahren. Wir stehen im Park von Yad Vashem, am Stein der »Zwillinge von Auschwitz«, und sprechen darüber, daß alle Überlebenden sich bis heute vor weißen Kitteln fürchten, vor Schäferhunden und vor deutschen Lauten. »Als ich 1985 zum ersten Mal in Frankfurt landete und am Hauptbahnhof hinter mir ein Gepäckträger einem anderen plötzlich etwas zurief, fing ich an zu zittern: Es war wie auf der Rampe in Auschwitz! Das ist für andere schwer zu begreifen. Kannst du es verstehen?« fragt mich Vera Kriegel.

Ich verstehe es schon. Aber was kann ich tun?

»Indem du schreibst, was du mit mir und anderen Zwillingen erlebt hast. Indem du deinen Zuschauern in Deutschland zeigst, daß wir das

Schreckliche von Auschwitz nicht vergessen können, je älter wir werden, desto weniger. Ihr Deutschen seid anders geworden. Ich hoffe, daß euch nie mehr so etwas passiert, aber ihr müßt achtgeben. Und gefährdet sind die anderen Völker auch. Solange wir noch leben, sollte unser Schicksal eine Mahnung sein, daß so etwas nie wieder passiert.«

Sie hat ein Recht auf solches Pathos. Und sie hat auch recht, wenn sie beim Abschied meint, eigentlich seien es ja immer nur die Opfer des Holocaust, die tief in ihrer Seele nach den Gründen fragen – und selber unter Schuldgefühlen leiden. Niemals aber habe sie erlebt, daß die Täter dazu fähig sind.

Wir haben keine Denkmäler in Deutschland, die an den Judenmord erinnern, nur eine nüchterne »Gedenkstätte«. Dafür haben wir eine Einrichtung, die »Wiedergutmachung« heißt. Im Zuge dieser »Wiedergutmachung« erhielt jeder der Zwillinge von Auschwitz 2000 DM.

Für einen Lagertag in Auschwitz bekam Vera Kriegel also rund acht Mark.

Oben links: Mahnmal für die Opfer der Zwillingsversuche vor der Holocaust-Gedenkstätte Yad Vashem in Jerusalem.

Oben rechts: Ein Leben lang vom Trauma Auschwitz gezeichnet. Vera Grossman mit ihrer Mutter. Beide leben heute in Dimona, im Süden Israels.

Sterne über
Iwo Jima

Sterne über Iwo Jima

»Ich mache mich gern klein«, erklärt der alte Fotograf, »denn eigentlich hasse ich es, wenn man mir zuviel Aufmerksamkeit schenkt.«

Nach 1945 hatte er sich oft kleinmachen müssen. Joe Rosenthal, Sohn jüdischer Einwanderer aus Rußland, hatte am 23. Februar 1945 das legendärste Kriegsfoto Amerikas geschossen, eine patriotische Ikone: sechs Soldaten und eine Fahne mit Sternen und Streifen, aufgepflanzt auf einem Berg, dem Gipfel des Mount Suribachi auf der Pazifikinsel Iwo Jima. Für ganz Amerika war dieser Akt nicht nur Symbol des Sieges über Japan, sondern das Symbol des Sieges überhaupt.

Kriegsfotografie ist der Gebrauch, den man von ihr macht. Was Amerika zum Ende des Zweiten Weltkrieges dringend brauchte, waren Helden. Gefragt war nicht die schmutzige, blutige Wirklichkeit des Krieges, sondern ein heroisches Gemälde, das Gefühle wecken sollte: nicht Trauer, sondern Freude und Triumph. Als der US-Marineminister James V. Forrestal Rosenthals Foto sah, erklärte er: »Dieses Bild garantiert die Existenz des US-Marinekorps für die nächsten fünfhundert Jahre!«

Dabei war alles reiner Zufall, meint der alte Fotograf und blinzelt: »Wissen Sie, ich hab' den Schuß gemacht mit der Belichtungszeit von einer vierhundertstel Sekunde, Blende acht auf einer Speed Graphic mit einem Agfa Ansco Superpan Press-Film, bei einer Fernsicht von fünf Meilen gegen den bedeckten Himmel. Also nichts Besonderes.«

Dafür hat er immerhin den Pulitzer-Preis gewonnen, den er heute zurückgeben soll, denn der Schnappschuß, sagen ein paar Übelkrähen von der »New York Times«, sei nachgestellt gewesen. Und das entspricht nicht den Bedingungen des Preises. Aber langsam, dazu kommen wir noch. »Wie war das damals wirklich, Joe?«

»Also, die Geschichte beginnt am Rand eines erloschenen Vulkankraters auf Iwo Jima. Und ich hielt einen Augenblick im Leben von sechs Männern fest, sie hißten unsere Fahne. Drei von ihnen fielen wenig später. Die drei anderen überlebten, das ist eigentlich alles.«

Tatsächlich?

Der 23. Februar 1945 war einer der blutigsten Tage des Zweiten Weltkriegs. Beim Sturm auf die japanische Vulkaninsel Iwo Jima, sechshundert Meilen südlich von Tokio, starben 6 821 Amerikaner. Ihre Leichen, so las man in den Zeitungen von Philadelphia bis San Diego, bedeckten den Strand auf einer Länge von vier Meilen. Ein Drittel aller Toten des Marinekorps im Zweiten Weltkrieg starb auf Iwo Jima.

Der Kriegsfotograf Joe Rosenthal war nicht unter denen, die den höchsten Berg der Insel, den Mount Suribachi, eroberten. Dafür kam er drei Stunden zu spät. Er ging erst mit der neunten Angriffswelle an Land – mit Soldaten der »5th Marinedivision, 28th Regiment, 2nd Batallion, Easy Company, 3rd Platoon«.

»Um 6.30 Uhr wurde es hell, und wir gingen auf die Landungsboote. Im Morgenlicht sahen wir durch den Rauch des Kampfes die Insel unter schwerem Luft- und Seebeschuß. Ich ging mit fünfzehn Boys an Land, die meisten waren gerade neunzehn, zwanzig Jahre alt. Das waren Jungs, die hatten noch nicht einmal richtig gelebt. Sie kannten selbst die durchschnittlichen Sterbeziffern: Drei oder vier von ihnen würden fallen. Ich erwähne das deswegen, weil mein Foto dadurch Sinn erhält: Für mich ist dieses Bild nicht nur ein Schnappschuß von fünf Marines und einem Seemann. Es ist das Bild von sechs Jungs, die eine Insel erobert hatten und dort die Fahne der Freiheit hißten.«

»Aber Joe, jetzt werden Sie pathetisch. Ihr Foto ist doch keine Botschaft an die Menschheit, sondern eine patriotische Ikone?«

»Ja und nein. Ich kann nur erzählen, wie ich das selbst erlebt habe. Als ich mit den Boys fünf Stunden lang im Boot saß, habe ich es fast ängstlich vermieden, freundlich zu ihnen zu sein. Das war purer Selbstschutz. Ich hatte Angst, wenn ich mich mit einem anfreundete, könnte ich betroffener sein, wenn er stirbt.«

Das klingt, als habe es auch bei der neunten Angriffswelle noch schwere Kämpfe gegeben. Doch tatsächlich war der Kampf am Strand zu diesem Zeitpunkt schon vorbei.

Als die Marines vier Tage nach der Landung die japanischen Verteidiger vom Mount Suribachi vertrieben hatten und die Bergspitze besetzten, pflanzten vierzig Mann, geführt von Leutnant Harold G. Shier, ihre Bataillonsfahne auf die Bergspitze. Louis Lowery, ein Fotograf vom Marine-Magazin »Ledernacken«, hielt fest, wie die wahren Helden von Iwo Jima ihr Exemplar der »Stars and Stripes« an einem Eisenstab befestigten und in den Boden rammten. Das war die Originalhissung. Doch Lowerys Pech: Sein Foto war nicht gut, die Fahne zu klein.

»Wo waren Sie zu diesem Zeitpunkt, Joe?«

»Ich war am Strand und hörte, daß unsere Jungs schon eine Fahne gehißt hatten. Ich war mit Bob Campbell zusammen, einem anderen Fotografen. Wir ärgerten uns natürlich, daß wir zu spät gekommen waren, gingen aber trotzdem weiter. Auf halbem Weg zum Gipfel stießen wir auf vier Marines und auf Louis Lowery, der uns stolz erzählte, daß er die Fahnenhissung aufgenommen hatte.«

Oben:
Vom Landungs-
boot direkt in die
Schlacht: Ameri-
kanische Marine-
einheiten beim
Sturm der japani-
schen Insel Iwo
Jima.

Rechts:
Das blutigste Ge-
fecht im Pazifik:
Das US-Marine-
korps verlor auf
Iwo Jima ein
Drittel seiner
Soldaten.

Dieser historische erste Akt des Fahnen-Dramas geschah um 10.20 Uhr Ortszeit. Als Rosenthal den Gipfel des erloschenen Vulkans erklommen hatte, wimmelte es dort oben von Marines. Die einen zogen Kabel für Nachrichtenverbindungen, andere posierten für Erinnerungsfotos, und ein paar ganz Schlaue holten gerade die kleine Flagge vom Mast, schnitten sie in Stücke und verteilten diese als Souvenirs.

Was dann geschah, schildert der Augenzeuge Richard Wheeler: »Es war ungefähr drei Stunden, nachdem die erste Flagge gehißt worden war, als Colonel Johnson entschied, sie auszutauschen, denn die Flagge des 3rd Platoon konnte man aus größerer Entfernung nur mit dem Feldstecher erkennen. Sie maß lediglich einhundertfünfunddreißig mal sechzig Zentimeter. Der Anblick einer Siegesflagge ist für die Moral der kämpfenden Truppe wichtig, und Johnson fühlte, daß wir eine größere Fahne brauchten.«

Der pragmatische Oberst dachte nicht im Traum daran, welche chauvinistische Ekstase sein »Gefühl« einmal heraufbeschwören würde. Wahrscheinlich wäre ihm das ganz recht gewesen. So ließ er eine deutlich größere Flagge aus dem Kampfboot »LST 779« besorgen und auf den Gipfel bringen.

Das geschah im gleichen Augenblick, als auch Joe Rosenthal keuchend die Bergspitze erreichte. Er sah gerade, wie ein Marine die große Flagge (»acht Fuß lang und vier Fuß acht Inches hoch«) entfaltete.

»Ich dachte ursprünglich an eine Aufnahme von beiden Flaggen, wie die eine eingeholt wird und die andere hochgeht, aber ich wollte diese Situation nicht künstlich stellen. Da beschloß ich, nur zu fotografieren, wie die zweite Flagge aufgezogen wird, und ich postierte mich in fünfunddreißig Fuß Entfernung.

Ich häufte ein paar Steine an, legte einen japanischen Sandsack darauf und stellte mich auf diesen künstlichen Hügel, denn ich bin nur fünf Fuß fünf Inches groß. Dann wartete ich auf den Augenblick der Flaggenhissung.

In diesem Augenblick kam Sergeant Bill Genaust aus Minneapolis in meine Nähe, um die Szenerie zu filmen. ›Ich bin dir doch nicht im Weg, Joe?‹ fragte er. ›Nein‹, erwiderte ich, ›es geht schon.‹«

Und dann begannen fünf Marines und ein Seemann die Fahne aufzupflanzen. Sie wuchteten die Fahnenstange – es war immer noch dieselbe – mit dem vaterländischen Stoff in einen Steinhaufen.

»Da hob ich meine Kamera und schoß die Szene.«

So entstand das Foto, und es grenzt an Ironie, daß zwar das blau-weißrote Stückchen Stoff amerikanisch war, die Fahnenstange aber »made in Nippon« – ein abgebrochenes Eisenstück aus der zerstörten kaiserlichjapanischen Radarstation auf dem Mount Suribachi.

Ahnte da der Fotograf Joe Rosenthal bereits, welch patriotischer Schuß ihm gelungen war?

»Wenn Sie ein Foto wie dieses schießen, sagen Sie im Anschluß nicht: ›Mein Gott, was hab' ich für ein großartiges Bild gemacht.‹ Man weiß einfach nicht immer, wie es geworden ist. Doch ich hoffte, daß ich schoß, was ich sah.«

Das geschah um zwölf Uhr mittags, wie es sich gehört. Ein so legendäres Foto kann nur um Highnoon entstehen. Der Fotograf schoß dann noch ein paar andere Bilder, auch von den Marines, die unter der wehenden Fahne triumphierend ihre Gewehre schwenkten. Dann schickte er am gleichen Tage seine Filme zur Routineentwicklung in ein Militärlabor nach Guam und vergaß den Vorfall zunächst.

Neun Tage später landete Joe Rosenthal in Guam und ging ins Pressebüro. Schon der erste Kriegsberichterstatter, den er traf, gratulierte ihm überschwenglich: »Was für ein großartiges Foto, Joe. Hast du's nachgestellt?«

»Natürlich«, sagte Rosenthal. Denn er dachte an ein anderes Foto: das Gruppenbild mit Fahne, auf dem zwei Dutzend Marines unter der schon aufgepflanzten Flagge ihre Helme und Gewehre schwenkten.

Dann aber brachte jemand das Foto, und nun sah Rosenthal zum ersten Mal, was er da aufgenommen hatte: »Oh, ist das gut. Aber das hab' ich nicht nachgestellt. Ich wünschte, ich wäre so gut gewesen, aber leider hab' ich nur ganz einfach draufgehalten.«

Es sollte nicht das letzte Mal gewesen sein, daß der Fotograf auf diese Frage »Hast du's nachgestellt?« antworten mußte. Natürlich hab' ich ihn das auch gefragt. Und nun war seine Antwort, nach jahrzehntelangem »Training«, ausgefeilter: »Wissen Sie, so ein Foto kann man nicht nachstellen. Hätte ich's versucht, dann hätte ich's verdorben. Es hat einfach alles gestimmt: Der Wind wehte in die richtige Richtung, die Bewegungen der Männer stimmten, und es war der richtige Moment. Ich wiederhole: Es war reiner Zufall.«

Und irgendwie auch Fügung. Denn wenn es stimmt, daß Gott Amerikaner ist, dann hielt er seine schützende Hand über Rosenthals Bild. Von den zwölf Fotos des Iwo-Jima-Films waren zwei überbelichtet. Es hätte durchaus passieren können, daß darunter auch das Fahnenfoto gewesen wäre. Aber: »Gott sei Dank, das war nicht so.«

So nahm das Schicksal seinen Lauf. Das Foto wurde nicht nur in den USA veröffentlicht, sondern über Associated Press weltweit verbreitet. Mit einem Schlag war Rosenthal berühmt. Man reichte ihn herum wie einen Oscar-Preisträger, und einmal stellte man ihn vor als »den Mann, der unsere Fahne auf Okinawa gehißt hat«.

»Ich mußte Dutzende von Autogrammen geben, wurde interviewt und immer wieder fotografiert. Können Sie sich vorstellen, wie schrecklich das für mich gewesen ist?«

Ganz so schrecklich kann es nicht gewesen sein, denn immerhin erhielt der Fotograf den mit fünfhundert Dollar dotierten Pulitzer-Preis, einen

*Lange Stange,
kleine Fahne: Die
ursprüngliche Sie-
gesflagge schien
als Signal des
Triumphes zu
mickrig.*

*So wurde ein
Prachtexemplar
des Sternenban-
ners herbeigeholt,
das mehr Stoff für
Legenden bot.*

1000-Dollar-Kamerapreis und als Bonus von AP immerhin ein Jahresgehalt. Das Foto erschien auf Briefmarken; Butter, Eiscreme und selbst Würstchen wurden getreu dem Motiv gestaltet, es wurde in Sandstein gehauen und eine Statue von ihm schließlich für ein über hundert Tonnen schweres Bronzemonument auf dem Soldatenfriedhof Arlington gemeißelt. »Was haben Sie davon gehabt, Joe?«

»Reich geworden bin ich dadurch nicht. Ich bekam zwar einen Haufen Uhren und Plaketten und Medaillen, aber davon kann ich mir nichts kaufen. Für das Copyright an einer Monumentversion des Fotos hat man mir zweihunderttausend Dollar angeboten, aber da mußte ich leider sagen: Sorry, ich hab' die Rechte gar nicht.«

Die hat die Agentur AP. Und deren Direktoren dachten damals selbstlos. Die Erlöse aus dem Foto wurden an den Unterstützungsfonds der Navy überwiesen.

Das geschah im März des Jahres 1945, und der totale Sieg Amerikas im Weltkrieg Nummer zwei stand kurz bevor. Doch eine letzte Schlacht war noch zu schlagen: der Verkauf der siebten, letzten Kriegsanleihe. Dafür war ein stimmungsvolles Foto wichtig. Und es gab kein besseres als das des Fotografen Rosenthal.

Die Nation verlangte ihre Helden. Doch wer waren sie?

Noch auf der Bergspitze hatte Rosenthal versucht, die Fahnenpflanzer zu identifizieren, aber in dem allgemeinen Durcheinander war das nicht mehr möglich. Jetzt machten sich die Rechercheure des Marinekorps an die mühsame Arbeit, Arme und Hände auf dem Foto zu zählen, und kamen auf sechs Männer.

Tun wir ihnen die Ehre an, sie namentlich zu nennen. Drei von ihnen waren zum Zeitpunkt der Recherche schon gefallen: Franklin Sousley aus Ewing, Kentucky; Michael Strank aus Conemaugh in Pennsylvania; Harlan H. Block aus Weslaco, Texas.

Es überlebten: John Bradley aus Appleton, Wisconsin; Rene Gagnon aus Houkset, New Hampshire; Ira Hayes aus Bapchule, Arizona. Auf seine Geschichte kommen wir noch.

Jetzt waren die drei überlebenden Marines VIPs. Mit dem Status von Viersternegenerälen flogen sie zurück in die begeisterte Heimat. Zwischen Capitol und Weißem Haus wurden John Bradley, Rene Gagnon und Ira Hayes von hochgestimmten Abgeordneten und Generälen, von Bürgermeistern und anderen patriotischen Groupies gefeiert. Vor allem auf einen richtete die siegestrunkene Nation ihr Augenmerk: den Indianer Ira Hayes.

War er nicht der lebende Beweis dafür, daß sich die roten Brüder endgültig mit ihren weißen Widersachern von einst versöhnt hatten? War er nicht das lebende Symbol für die Integrationskraft der guten »Mutter Amerika«?

Ira Hayes – der US-Schriftsteller William Bradford Huie ist seinem traurigen Schicksal nachgegangen.

Unser Held war Pima – Mitglied eines Indianerstammes im Bundesstaat Arizona, der noch im 19. Jahrhundert für seine Friedsamkeit berühmt war. Die Pima trieben Ackerbau und pflanzten Baumwolle, sie dachten nicht im Traum daran, weiße Siedlertrecks zu überfallen, die Frauen zu vergewaltigen und die Männer zu skalpieren. Das besorgten die kampflustigen Sioux und Apachen. Doch mit denen wollten brave Pima nichts zu tun haben.

Erst der weiße Mann lehrte die Pima das Töten. Im Ersten und im Zweiten Weltkrieg kämpften Pima-Indianer auf den Kriegsschauplätzen Uncle Sams. Auch der Pima Ira Hayes meldete sich 1942, neunzehnjährig, zur Armee. Er war der erste Indianer der Marines. Auf Anhieb wurde er der beste Schütze seiner Einheit. Weil er das kriegerische Selbstverständnis der Eliteeinheit voll verinnerlichte, galt er als vorbildlich angepaßter Soldat: Vorgesetzte und Kameraden nannten ihn »Chief Falling Cloud« – Häuptling Fallende Wolke.

In seinen Briefen, die er heim nach Arizona schickte, war er am Anfang noch unbändig stolz darauf, »ein Marine zu sein und für sein Vaterland zu kämpfen«. Ein Jahr später wurde er deutlicher. Jetzt schrieb er: »Ich bin scharf darauf, auf die verdammten Japsen zu treffen.«

Gelegenheit dazu erhielt er reichlich – bis zu jenem 23. Februar 1945, an dem die dankbare Nation den Indianer Ira Hayes zum Helden machte, der er gar nicht war. Denn an der Eroberung des Suribachi war der Mann aus Arizona nicht beteiligt. Sein Pech war lediglich, daß er in jenem Augenblick, als Rosenthal sein Foto schießen wollte, zufällig in der Nähe stand.

Doch von dieser »Story behind the Story« wollte kurz vor Kriegsende zwischen Boston und Los Angeles niemand etwas wissen. Hayes war ein Held, punktum. Er schlief in noblen Hotels, drückte Präsident Truman die Hand, küßte Hollywood-Stars und wurde auf Banketten herumgereicht wie eine Spielzeugpuppe. Und immer wieder mußte er trinken, Prost auf das Wohl der Nation, die ihre Helden nicht verkommen läßt. Jedes Komitee, das Kriegsanleihen zeichnen ließ und Hayes als PR-Figur vorzeigte, schenkte ihm drei Flaschen Whiskey.

Inzwischen war der Propagandanebel um die Fahnenhissung schon fast undurchdringlich. Die veröffentlichte öffentliche Meinung gab vor zu wissen, daß die Fahne, von Kugeln zerfetzt, in tödlichem Kreuzfeuer gehißt worden sei. In dem Film »The Sands of Iwo Jima« mit John Wayne in der Hauptrolle spielte Ira Hayes sich selbst. Der Film stellt selbstverständlich nicht das dar, was wirklich geschah, sondern das, was sich Amerika gerne vorstellen wollte.

Dabei blieb die Wahrheit auf der Strecke. Hayes fühlte das. Am Anfang protestierte er noch schwach. Als er auf einer PR-Tour Joe Rosenthal, den Fotografen, traf, beklagte er sich bitter: »Die Leute drücken mir Drinks in die Hand und sagen: ›Da, du Held, ich gratuliere.‹ Das macht mich krank, denn immer wieder muß ich daran denken, daß die wahren Helden tot sind. Ich bin kein Held, du weißt das. Hättest du doch nie dieses Foto geschossen.«

Als der Krieg zu Ende war und sein trügerischer Triumph von Tag zu Tag verblaßte, gab sich Ira Hayes der Trunksucht hin, um wenigstens im Suff das schwindende Gefühl des Glücks zu kosten, erster allerseits geliebter Indianer in den USA zu sein. Und wenn er dann aus seinem Rausch erwachte, schämte er sich doppelt: Erstens, weil er wieder schwach geworden war, und zweitens, weil er doppelt schmerzhaft begriff, daß er ein falscher Held war.

1946 ging der Indianer zurück nach Arizona, wo ihm seine roten Brüder einen freundlichen Empfang bereiteten. Sie bauten ihm eine Tankstelle samt Imbißbude – »a tourist trap«, eine Touristenfalle.

Und die Touristen kamen. Vor dem Eingang der Station stand ein Monument des Ira Hayes im Augenblick der Flaggenhissung. Nachts war das Denkmal angestrahlt. Schon meilenweit entfernt wiesen Schilder auf den »Helden« hin, der hier wie eine Attraktion vom Rummelplatz vermarktet wurde: »See the Indian raise the flag on Iwo Jima! See the war's great Indian heroe! Photograph Ira Hayes, world famous Indian chief!«

Für ein paar Dollar warf sich Ira Hayes in seine alte Uniform, pflanzte die Fahne auf und posierte für Erinnerungsfotos. Er trank mit jedem, der ihm einen Whiskey spendierte. Und es gab viele Spender.

Bald war er Stammgast in der Ausnüchterungszelle. Es ging rasant bergab mit Ira Hayes.

Zwei Versuche gab es, ihn zu retten. Den ersten unternahmen redliche Sozialarbeiter aus Phoenix (Arizona). Sie verschafften Ira Hayes eine Ausbildungsstelle in Chikago. In einem Brief an seinen neuen Arbeitgeber schrieben sie: »Wir schicken Ihnen mit unseren Gebeten Ira Hayes, den größten indianischen Helden. Er ist unfähig, mit seiner Publicity fertig zu werden. Er trinkt schwer, seit er das Marinekorps verlassen hat. Ira hat den besten Willen, mit dem Trinken aufzuhören, aber er fühlt sich schuldig wegen der Flaggenhissung in Iwo Jima. Ira weiß, daß er in den Augen seiner Kameraden ein großer Lügner ist.«

Doch auch in Chikago war es die Publicity, die Ira nicht zur Ruhe kommen ließ. Fotografen verfolgten ihn auf Schritt und Tritt. Wenn er die Firma, bei der er den Beruf des Drehers erlernen sollte, verließ, fingen ihn schon Fans ab, um ihm Drinks zu spendieren. Es war, als gäbe es eine landesweite Verschwörung gegen den Pima. Schließlich ging er gar nicht mehr zur Arbeit, sondern pendelte zwischen Barhocker und Ausnüchterungszelle.

Iras zweite Chance war eine Kampagne der Zeitung »Sun Times«, die 1953 eine Aktion zur Rettung des Nationalhelden startete. Sie bot den Indianer wochenlang wie ein Auktionsstück an: »Wer rettet Ira Hayes?«

Das Rennen machten Dean und Betty Martin aus Los Angeles. Die Ehefrau des Schauspielers und Sängers stellte Hayes als Fahrer an. Doch auch auf den Boulevards von Beverly Hills hefteten sich die Fotografen an die Fersen des Pima. Eines Tages wurde er von einem Marine, der bei dem Sturm auf Iwo Jima mit dabei gewesen war, verprügelt und beschimpft: »Du verlogener, fahnenhissender Hurensohn!«

Ira Hayes hatte keine echte Chance. Auch die Martins konnten nicht verhindern, daß er sich zu Tode trank. Im November 1954 verließ der Pima Los Angeles und fuhr zurück nach Arizona. In der Nacht des 23. Januar 1955 starb Ira Hayes an einer Alkoholvergiftung. Als man ihn fand, trug er ein Militärhemd und die Stiefel der Marines.

Heute sind die sechs von Iwo Jima alle tot. Nur in Milwaukee lebt noch einer, der bei der ersten, echten Flaggenhissung dabeigewesen war: der frühere Marine Chuck Lindberg. Der ist bis heute nicht über seinen Frust hinweggekommen: »Wissen Sie, wenn ich an den ganzen Rummel um das Foto denke, an das Monument in Arlington, an all die Briefmarken und Eiskugeln, dann kommt es mir hoch. Nichts gegen die Jungs – aber als sie ihre Fahne hißten, war die Luft am Suribachi nicht mehr bleihaltig. Wenn es schon ein Denkmal geben muß, dann hätten wir es verdient. Als wir unsere Fahne hißten, wurde noch geschossen! So eine nachgestellte Sache! Ich finde, daß Joe Rosenthal den Pulitzer-Preis wieder zurückgeben sollte!«

»Haben Sie davon gehört, Joe?«

»Ich denke nicht daran, den Preis zurückzugeben. Ich bin einundachtzig Jahre alt und führe jederzeit an jedem Ort der Welt einen Prozeß gegen jedermann, der behauptet, daß mein Foto nachgestellt gewesen sei. Das war es nicht. Ich bin nicht reich geworden durch das Foto. Aber ich will mit weißer Weste sterben, nicht als lumpiger Betrüger!«

Die falschen Helden sind tot, der letzte echte Held ist verbittert, der Fotograf erzürnt. Und die Fahne?

Sie steht im Museum des Marinekorps in Quantico. Auf dem Gipfel des Mount Suribachi weht heute eine andere Fahne – über einem Denkmal. Die Kamera, mit der Joe Rosenthal das Foto schoß, wurde lange nach dem Kriege noch von AP-Büros in Tokio verwendet; das Original-Negativ liegt wohlverwahrt in einem Tresor des AP-Büros in New York.

Nein, reich geworden ist Joe Rosenthal gewiß nicht. Der alte Herr lebt

recht bescheiden in einem überwiegend von Farbigen bewohnten Haus bei San Francisco in einem winzigen gemieteten Zweizimmerapartment, das äußerst karg möbliert ist.

Doch bevor ich vor Mitleid zergehe, klärt Rosenthal vorsorglich auf: »Keine Sorge, ich könnte mir schon eine größere Wohnung leisten. Aber ich will nicht. Denn dann zieht meine Freundin zu mir.« Er hat es mit der Freiheit. Und so besucht der Witwer Rosenthal die Witwe Norman regelmäßig, doch nach eigenem Gutdünken.

»Ist es deprimierend, wenn sich das Interesse an Ihnen nur auf einen Augenblick in Ihrem Leben, auf ein Foto konzentriert?«

»Früher war es das. Doch heute weiß ich: Was mein Leben ausgemacht hat, läßt sich nicht in einem Foto einfangen. Es ist ein Augenblick, und ich bin stolz darauf, obwohl es nur ein Zufall war.«

Und heute? Heute sind die Dinge auf den Kopf gestellt. Auch in Joes Heimatstadt San Francisco ist es offenkundig: Japan, das den Krieg verloren hat, gewinnt den Frieden. Rechts und links der Golden Gate Bridge haben Nippons Söhne alle verfügbaren Hügel erobert. Solche Siege brauchen keine Fahnenhissung.

Und was bleibt für Amerika?

»Der Stolz«, sagt Rosenthal. »Verdammt noch mal, der Stolz.«

»Das Photo war nicht gestellt«, beteuert heute Joe Rosenthal, der Fotograf von damals.

71

Orden
für ein
Kind

Orden für ein Kind

März 1945, wenige Wochen vor dem Ende des Krieges. Es war eine Zeit, in der das Absurde normal erschien. Auf den Mauerresten zerschossener Hausruinen verkündeten Parolen noch den »Endsieg«. Fanatische Offiziere kommandierten Männer und Jugendliche aus den Elendstrecks der Flüchtlinge, selbst Verwundete, wieder zurück an die Front. An Bäumen, die schon Frühjahrsblüten trugen, baumelten die Leichen kriegsmüder Menschen. Den Schuldspruch hatte man ihnen, in groben Strichen auf einen Karton gepinselt, um den Hals gehängt: »Ich war zu feige, für Deutschland zu kämpfen.«

Als mutig hingegen galt, wer mit der Panzerfaust auf der Schulter eine heranrückende Armee aufhalten wollte. Unter denen, die so für den »Endsieg« verheizt wurden, waren viele noch nicht einmal achtzehn Jahre alt. Ihr Geländespiel war tödlich und hieß »totaler Krieg«. Als letztes Aufgebot von der Schulbank an die Front geholt, sollten sie dazu beitragen, das Ende des Schreckens hinauszuzögern. Ihr Rattenfänger, Hitlers Propagandaminister Goebbels, stilisierte das sinnlose Blutvergießen zu einem pathetischen Heldenepos.

Während das »Tausendjährige Reich« überall schon in Trümmer fiel und die Reichshauptstadt zum letzten Gefecht rüstete, setzte der große Agitator am 9. März 1945 noch einmal eine markige Kriegerehrung in Szene.

Schauplatz war der Marktplatz von Lauban, einer kleinen Stadt in Niederschlesien östlich von Görlitz. Nach tagelangen Kämpfen war sie noch einmal in die Hände der deutschen Wehrmacht gefallen. Die Propaganda feierte diese Rückeroberung wie ein Fanal für die Wende des Krieges. Vor der Kulisse ausgebrannter Bürgerhäuser und zerschossener Fassaden waren auf dem Kopfsteinpflaster die »Befreier« der Stadt angetreten, stramm in Reih und Glied; ihre verhärmten Mienen zeigten eine Mischung aus Stolz und Schicksalsergebenheit.

Goebbels bellte seine Durchhalteparolen über den Platz, dann schritt er mit seinem Troß die Garde der Krieger ab.

Der »Reichsbevollmächtigte für den totalen Kriegseinsatz« beim Truppenempfang, Händedruck und anerkennende Worte: keine besonderen Vorkommnisse. Und doch entstand bei diesem Anlaß ein Foto, das den

ganzen Wahnsinn des Endkampfes zum Ausdruck bringt: eine bittere Anklage gegen diesen Krieg. Denn der Soldat mit dem Eisernen Kreuz auf der stolzgeschwellten Brust, dem Goebbels mit Handschlag und Schulterklopfen zu der Auszeichnung gratuliert, war ein Kind.

Die Uniform ist viel zu groß für ihn, und unter dem schweren Stahlhelm kommen die weichen Gesichtszüge eines Sechzehnjährigen zum Vorschein. Der kleine Junge im Feldgrau der Wehrmacht, mit dem Kriegsorden dekoriert und Zuversicht im Blick – ein Hoffnungsträger ganz nach dem Geschmack des Propagandachefs. »Dieser sechzehnjährige Hitlerjunge, Wilhelm Hübner, hat sich bei der Zurückeroberung von Lauban hervorragend bewährt«, trommelte der Wochenschausprecher später in die Ohren der Nation. »Er erhielt vor wenigen Stunden das Eiserne Kreuz.«

Heute noch hat der Orden einen Ehrenplatz in der Wohnung Wilhelm Hübners, der jetzt in Landshut lebt, und in seinen Augen scheint noch immer etwas von dem Glanz des kindlichen Stolzes zu liegen, als er ihn uns präsentiert.

Das glänzende Metall hat inzwischen Gesellschaft bekommen: Rund fünfundzwanzig weitere Kriegsorden und Auszeichnungen, teils gesammelt, teils selbst nachgegossen, hat der Rentner auf einem samtbeschlagenen Wandtableau um das Eiserne Kreuz gruppiert. Daneben zieren

Das letzte Aufgebot: Kinder in Uniform. Dekoriert mit dem Eisernen Kreuz, wurden sie von Hitler empfangen. Wilhelm Hübner ist der dritte von rechts.

Utensilien wie Gewehre, Helme, Speere, Patronen, Feldflaschen und Kochgeschirr die Wände dieses »Ehrenraums«. Eine gewisse Ähnlichkeit mit einem Militärmuseum will auch der Hausherr nicht leugnen.

Ist dies *seine* Art von Traditionspflege? »Ich bin eben ein Sammlertyp«, erklärt Wilhelm Hübner. »Das ist keine Kriegsverherrlichung bei mir, sondern das sind reine Erinnerungsstücke.« Und wie zur Rechtfertigung fügt er hinzu: »Für mich war das damals einer der Höhepunkte meines Lebens. Jedesmal, wenn ich diese Szene in Lauban wiedersehe, in einer Zeitschrift oder im Fernsehen, dann berührt mich das immer wieder.«

Dann erzählt er, wie es zu dieser Auszeichnung gekommen ist. Wie einen wertvollen Schatz birgt er seine Erinnerungen.

»Daß ich zum Einsatz kommen würde, das war eigentlich gar nicht vorherzusehen. In den Wochen davor hatten wir von der Hitlerjugend nur lockere Verbindung zur Wehrmacht und waren für den Panzerwarndienst zuständig. Als die Front bis an die Stadtgrenze von Lauban herankam, wurde der größte Teil der Hitlerjugend ungefähr zwanzig Kilometer zurückverlegt, aber ich bin dageblieben. Ich habe mich beim Kampfgruppen-Kommandanten gemeldet und ihm den Vorschlag gemacht, daß ich doch irgendwie als Melder behilflich sein könne, da ich doch selbst aus der Gegend sei und die Stadt kenne. Ansonsten waren ja nur ortsfremde Einheiten da. Er hat meinen Vorschlag akzeptiert, und zusammen mit den Meldern der Wehrmacht, alle älter als ich, wurde ich dann in einer Schule einquartiert.«

Aber um im Kreis der älteren Soldaten auch wirklich dazuzugehören, mußte erst einmal das äußere Erscheinungsbild den neuen Gegebenheiten angepaßt werden.

»Die Wehrmachtsuniform, die habe ich mir selbst besorgt; ich mußte ja wie ein Soldat aussehen. Die Kaserne in Lauban war verlassen, und alles war offen zugänglich. Da bin ich einfach rein und habe mir aus der Bekleidungskammer eine Uniform herausgesucht – die kleinste, die mir wenigstens einigermaßen gepaßt hat. Da habe ich die Schulterstücke der HJ angebracht und eine Armbinde übergezogen und schließlich noch einen Stahlhelm aufgesetzt, den kleinsten, den ich finden konnte. Und schon war ich ein richtiger Soldat.«

So ging für den Jungen ein sehnlicher Wunsch in Erfüllung, Genugtuung für jahrelange Zurücksetzung. »Ich war von Haus aus ziemlich klein, und wenn wir bei der Hitlerjugend zum Exerzieren antraten, stand ich sozusagen immer hinten im letzten Glied. Und jetzt auf einmal unter richtigen großen erwachsenen Soldaten an der Front zu stehen, das war natürlich ein überwältigendes Gefühl.«

Er gehörte mit dazu; ein kleines Rädchen in der großen Kriegsmaschine.

Die Hitlerjugend hatte den Grundstein dafür gelegt. Hinter dem Nebel von Lagerfeuer- und Fahrtenromantik galt für sie vor allem ein Auftrag:

»Wehrertüchtigung« von Kindesbeinen an. Schon die zehnjährigen Pimpfe des Jungvolks übten, im Gleichschritt zu marschieren. Uniformen, Paraden, Kampflieder und Geländeübungen – alles mündete letztlich in das Ziel, Nachwuchs für die Wehrmacht zu rekrutieren.

»Die alten Soldaten, die schon einige Feldzüge hinter sich hatten«, erinnert sich Wilhelm Hübner, »haben mich ab und zu in meinem Übereifer etwas gebremst und gesagt: ›Bubi, halt dich zurück. Viel können wir jetzt sowieso nicht mehr machen.‹« Doch der Junge, ganz Feuer und Flamme, hörte nicht auf sie. Die Begeisterungsfähigkeit der Jugend war ein fruchtbarer Boden für die eingängigen Botschaften des Dritten Reiches. Ihre Idole waren die Helden der Kriege, ihre Ideale aus nationalem Holz geschnitzt. Du bist nichts, dein Volk ist alles – so sah die Welt in den Köpfen vieler Hitlerjungen aus. Eine gläubige und aufopferungsbereite Reserve sollten sie sein, leicht lenkbar für die, die an den Fäden zogen. Zur enthusiastischen Hingabe kam eine gehörige Portion Karl-May-Romantik.

»Ich würde heute sagen, es waren mindestens achtzig Prozent Abenteuerlust dabei. Kasernenhofdrill, daran war uns allen nicht so gelegen. Was einem Jungen damals Spaß gemacht hat, das waren Geländeübungen und Zeltlager, und da hat uns halt die Hitlerjugend angezogen.«

Nach dem Empfang bei »ihrem Führer« waren die Hitlerjungen eher enttäuscht. Der körperliche Verfall stand dem Idol von einst ins Gesicht geschrieben.

*Aus dem Kriegs-
spiel wurde bluti-
ger Ernst: 15- und
16jährige Jungen
als letzte Reserve
des maroden
Hitler-Reiches.*

Doch Anfang März 1945 wurde das Kriegsspiel von der Wirklichkeit
abgelöst. Wilhelm Hübners Heimatort geriet zum Schlachtfeld. Der
fanatische Nazigeneral Ferdinand Schörner trieb seine Truppen in Schle-
sien noch einmal gegen die vorrückende Rote Armee. In Lauban, das bis
dahin weitgehend vom Krieg verschont geblieben war, wurde jetzt
erbittert um jedes Haus gekämpft. Und mittendrin, in einem Gewitter
von Granateinschlägen und Maschinengewehrsalven, schlug sich der
Hitlerjunge über die vertrauten Schleichwege zur Kommandostelle
durch, um seine Meldungen zu überbringen.

Einmal rissen die Geschosse einer Stalinorgel direkt neben ihm Krater
in den Schulhof, ein anderes Mal krachten MG-Schüsse knapp über
seinem Kopf in einen Zaun. Es waren Zufälle, die ihm das Leben retteten.

Ein Glück für ihn, denn der Krieg kennt keinen Jugendschutz.

Ich frage Wilhelm Hübner, ob er zu dieser Zeit in seinem Einsatz noch einen Sinn gesehen habe.

»Doch, damals habe ich das schon geglaubt. Zumindest, daß die Kämpfe noch einen Zeitaufschub bringen würden, um die Frauen und Kinder, die auf der Flucht waren, retten zu können, wie mir die Soldaten damals sagten. Außerdem hatte ich im stillen immer noch die Hoffnung, daß eine Wunderwaffe oder sonst etwas Gewaltiges kommt, das den Umschwung bringt.«

Statt der prophezeiten Wende sollte es später für viele ein böses Erwachen geben, als mit dem Ende des Dritten Reiches auch die Indoktrination ihre narkotisierende Wirkung verlor.

Doch dem Hitlerjungen Wilhelm Hübner erschien die Wirklichkeit zunächst eher wie ein Traum. Mit dem Eisernen Kreuz dekoriert, von Goebbels geehrt und von der Propaganda als Held präsentiert, wußte er kaum, wie ihm geschah. Heute klingt das eher bescheiden:

»Als Held habe ich mich damals nicht gefühlt. Aber ich war natürlich stolz darauf, daß ich für meinen relativ geringen Einsatz als Melder so eine Auszeichnung bekam.«

Und nicht nur das. Eine gute Woche später erhielt er auch noch eine Einladung nach Berlin. Zusammen mit anderen jugendlichen Vorzeige-helden wurde er im Gästehaus des Reichsjugendführers am Gatow-See hofiert und verpflegt wie ein kleiner Staatsgast. Beinahe wie in Frie-denszeiten füllten Besuche und Besichtigungen das Programm. Die anglo-amerikanischen Bomberflotten machten gerade Pause. Und so erschien den zwanzig Hitlerjungen die Reichshauptstadt wie eine relativ ruhige Oase inmitten des tobenden Krieges.

Dann erst wurde ihnen der eigentliche Anlaß der Reise enthüllt: Adolf Hitler wollte sie am 19. März persönlich im Garten der Reichskanzlei empfangen. Für Wilhelm Hübner damals eine aufregende Vorstellung:

»Das war eigentlich der Wunsch eines jeden Hitlerjungen, wenigstens einmal bei irgendeinem Aufmarsch oder öffentlichen Auftritt den Führer sehen zu können. Und ihm dann sogar persönlich gegenüberzustehen und ihm die Hand zu geben, das war einfach das Höchste, was es damals überhaupt gab.«

Wie selbstverständlich verfällt er auch heute noch in den Wortschatz von damals, und der, den er im Redefluß »Führer« nennt, scheint in seiner Vorstellung wenig gemein zu haben mit dem diabolischen Diktator Adolf Hitler, von dem er später erfuhr. »Er war eben, sagen wir mal, unser Feldherr und unser großer Führer, er war immer unser Idol gewesen.«

Doch aus der Nähe betrachtet, erwies sich das Idol als aufgedunsene, greisenhaft anmutende Gestalt. Mit hochgeschlagenem Mantelkragen, gebeugter Haltung, die linke Hand hinter dem Rücken verborgen, um ihr starkes Zittern nicht zu zeigen, reichte Hitler den dekorierten Jugend-lichen die Hand, hörte sich ihre Einsatzberichte an, tätschelte ihre Wange

»Ich bin eben ein Sammlertyp.« Orden, Auszeichnungen und Kriegsgerät im »Ehrenraum« von Wilhelm Hübners Wohnung.

und steckte ihnen mit müder Stimme ein paar Worte der Anerkennung zu. Dann verließ er mit Hund und Gefolge bald wieder den Hof – und damit für alle Zeiten das Forum der Öffentlichkeit. Wäre der Hintergrund nicht so todernst, dieser letzte öffentliche Auftritt des Diktators müßte wie eine groteske Parodie anmuten: Ein geschlagener Feldherr empfängt sein letztes Aufgebot – Halbwüchsige, als Frontsoldaten verkleidet.

Hitlerjunge Hübner war jedenfalls etwas enttäuscht. »Nachdem diese ganze Vorstellung beendet war und wir uns wieder etwas beruhigt hatten, da begannen wir natürlich zu diskutieren. Und da hat man schon mehr oder weniger gesagt: ›Na ja, der Adolf ist schon alt und gebrechlich geworden.‹ Aber wir haben das natürlich darauf zurückgeführt, daß der Krieg ihm eben schwer zu schaffen gemacht hatte. Das war unsere Einstellung.«

In seinem Haus schmücken die abgelichteten Begegnungen mit Hitler und Goebbels noch immer als Bilder die Wand seines »Ehrenraums«. Liegt da nicht der Verdacht nostalgischer Verklärung nahe?

Wilhelm Hübner weist diesen Gedanken weit von sich. Für ihn haben diese Fotografien, so sagt er, »rein persönlichen Erinnerungswert«.

»Das hat hier nichts mit den Personen Goebbels und Hitler zu tun, sondern das ist ein Stück aus meinem Leben, und ich kann von den Bildern nicht alles andere wegschneiden und mich allein stehenlassen. Mit irgendwelchen politischen Gedanken hat das überhaupt nichts zu tun.«

Außerdem sei es nicht immer leicht gewesen, sich zu diesen Bildern zu bekennen. 1949 in Zwickau seien die Aufnahmen in seinem Spind gefunden worden. Das habe den Vorwand für seine Entlassung aus der kasernierten Volkspolizei geliefert. Und damit auch den Anlaß für ihn, in den Westen zu gehen.

Zuerst arbeitete er auf einem Bauernhof, dann fand er eine Stelle als Mechaniker in Landshut.

Jetzt ist Hübner Rentner. Irgendwie ist er ewig ein Junge geblieben. Er bastelt, klebt und sägt an hölzernen Modellen von ich weiß nicht was. Und er spielt Heimorgel, zwei Finger blind.

Wenn er sich an jene Zeit erinnert, dann denkt er am liebsten ungetrübt an den kleinen Jungen, dem der Krieg ein einziges Abenteuer war. Später, ja natürlich, später sei ihm schon bewußt geworden, daß seine Begeisterung mißbraucht wurde. Aber daran denkt er nicht gern.

Ganz gewiß zählt Wilhelm Hübner nicht zu jenen vielen seines Jahrgangs, die sich um ihre Jugend betrogen fühlen. Damals hat man ihn benutzt, »na gut«. Doch hat er, sagt er, auf diese Weise wenigstens Geschichte gemacht – einmal im Leben.

Die
Rote Fahne
auf dem
Reichstag

Die Rote Fahne auf dem Reichstag

Wir treffen ihn an einem nassen, grauen Moskauer Märztag im Alexandergarten an der Kremlmauer – vor der Flamme am Grabmal des Unbekannten Soldaten – wo sonst? Dorthin, sagt er uns, geht er immer, wenn er in Moskau ist, der Hauptstadt des Sowjetreichs, das er im Krieg verteidigt hat, bis nach Berlin. Heute gibt es kein Sowjetreich mehr, die Gegenwart ist öde, und die alten Krieger fühlen sich verraten. Dieser da heißt Militon Kantarija, ist Georgier und alles andere als ein »Unbekannter Soldat«. Seit dem Jahr des Sieges, als die Welt noch jung und glänzend erschien, trägt er den Ehrentitel »Held der Sowjetunion«.

Aber wie ein »Held« sieht unser Veteran wahrhaftig nicht mehr aus. Das Rot des Ordens, den er am Revers trägt, wird an Leuchtkraft durch das Rot der Knollennase übertroffen. Wer über fünf Jahrzehnte schon am Morgen regelmäßig Wodka trinkt, der sieht so aus mit siebzig. »Held der Sowjetunion« – heute gilt das nicht mehr viel. Doch vierzig Jahre lang hatte ihn die dankbare Nation mit Ehrungen und Privilegien überhäuft, sogar zum Abgeordneten des Obersten Sowjets in seiner Heimatrepublik gemacht. Immer wieder mußte er im ganzen Land den einen glorreichen Bericht erstatten: von diesem Augenblick, als er nach dem Mantel der Geschichte greifen durfte – das erste und einzige Mal im Leben.

Muß man da nicht zwangsläufig, aus Kummer oder Frust, zum Alkoholiker geraten, wenn man über die Jahrzehnte, vom Kulturpalast in Omsk bis zum Kulturpalast in Tomsk, nur immer eine einzige Geschichte zu berichten hat: »Komm, erzähl uns doch, Genosse Militon, wie war das damals, als du in Berlin die Rote Fahne...«?

Aber nein, erklärt mir Wladimir, mein Dolmetscher, der ebenfalls Georgier ist, in seinem Land sei Trinken ein Bestandteil nationaler Tradition, ein Mann muß trinken können, sonst sei er kein Mann.

Wie war das also? Es war 1945 im April: Die Rote Arme tritt an zur letzten Schlacht, zum Endkampf um die Reichshauptstadt Berlin. Zwanzigtausend Sowjetpanzer, Stalinorgeln und Geschütze bombardieren ein Ruinenfeld, das einmal »Welthauptstadt Germania« hätte werden sollen. Während sich die Divisionen Stalins durch die Straßen kämpfen, operiert im »Führerbunker« der gejagte »Führer« immer noch mit Geisterdivisionen. Als am Nachmittag des 30. April die ersten Sturmtrupps das Regierungsviertel um die Reichskanzlei erreichen, bringt Hitler sich um.

Untergangsstimmung am Ende des »totalen Krieges«. Deutscher Soldat vor den Ruinen des ehemaligen Reichstags.

War das nun der Höhepunkt des Sieges? Nein, denn dazu brauchen Völker andere Symbole. Mythen sind gefragt.

Unser Mythos steht im ersten Stock des Moskauer Museums der Sowjetarmee, inmitten eines Saals von Kriegstrophäen, angestrahlt von Scheinwerfern, bestaunt von Schulkindern, die tausendfach noch immer täglich hingeführt werden, zur legendären Roten Fahne, dem Symbol des Sieges über Hitler-Deutschland, damals auf dem Dach des Reichstags gehißt, von ihm, dem tapferen Georgier Militon Kantarija, und dem Russen Michail Jegorow. Dorthin gehen wir jetzt mit unserem Veteranen. Der Direktor des Museums der Sowjetarmee begrüßt den Helden lautstark, denn er weiß, was er an seiner lebenden Legende hat. Legendärer ist nur noch das Stückchen Stoff im ersten Stock höchstselbst.

Wir umrunden es respektvoll. Eine Schulklasse aus Gorkij, flüsternd unterrichtet über den Besucher, läßt sich Autogramme geben. Unserem Veteranen scheint das eher lästig, aber weil er Honorar von uns erhält, gibt er sich gnädig. Und er teilt mir, etwas neckisch, auch ein Staatsgeheimnis mit: »Wenn du denkst, das ist sie, meine Rote Fahne, hast du zwar nicht unrecht, aber eigentlich liegst du falsch.« Ehe wir über diese kryptische Sentenz nachdenken können, mischt sich der Direktor lächelnd ein: »Pst, rühren Sie nicht an unserem Kriegsgeheimnis, Militon.« Der tut es aber doch, es scheint ihm fast ein bißchen Spaß zu machen, Lack von der eigenen Legende zu kratzen. Doch am Ende zeigt sich, daß die Wahrheit spannender ist als jeder Mythos.

Den verkauft, zwei Zimmer weiter, der offizielle Sowjetfilm mit dem Titel »Die Eroberung Berlins«. Da läuft ein Häuflein tapferer Rotarmisten hocherhobenen Hauptes, mit aufgepflanztem Bajonett und wehender Fahne über den zerstörten Reichstagsvorplatz – heute »Platz der Republik«. Dies sei, so heißt es im pathetisch formulierten Kommentar, der Originalsturm am Nachmittag des 30. April – doch da wurde um den Reichstag noch gekämpft. Welcher halbwegs denkende Soldat läuft aufrecht, mit erhobenem Haupt und wehendem Panier, ganz ohne Deckung über einen weiten Platz, wenn überall um ihn herum geschossen wird?

Dann stürmen sie den Reichstag. Aber warum eigentlich ihn? Der Wallot-Bau von 1894 stand 1945 bekanntlich leer. Seit dem Reichstagsbrand von 1933 war er Hitlers erste richtige Ruine. Einen regulären Reichstag hatte es im sogenannten Dritten Reich gar nicht gegeben. Strenggenommen hißten die Sowjetsoldaten ihre Rote Fahne auf dem längst geschändeten Symbol der deutschen Demokratie. Im Film weht die bewußte Rote Fahne schließlich auf der ausgebrannten Kuppel, und der Sprecher endet mit den Worten: »Stalins Befehl ist ausgeführt.«

Und die Wahrheit? Also erstens: Kantarija und Jegorow, ein Georgier und ein Russe, wurden ausgesucht, weil so ein Russe halt dabeisein mußte und der »Woschd«, das Väterchen aus Tiflis, selbst Georgier war.

Rechts oben: Siegerpose vor dem zerstörten Reichstag. Das Symbol der ersten deutschen Republik war schon 1933 ausgebrannt.

Rechts unten: Wie die meisten deutschen Städte glich auch Berlin 1945 einer Trümmerwüste.

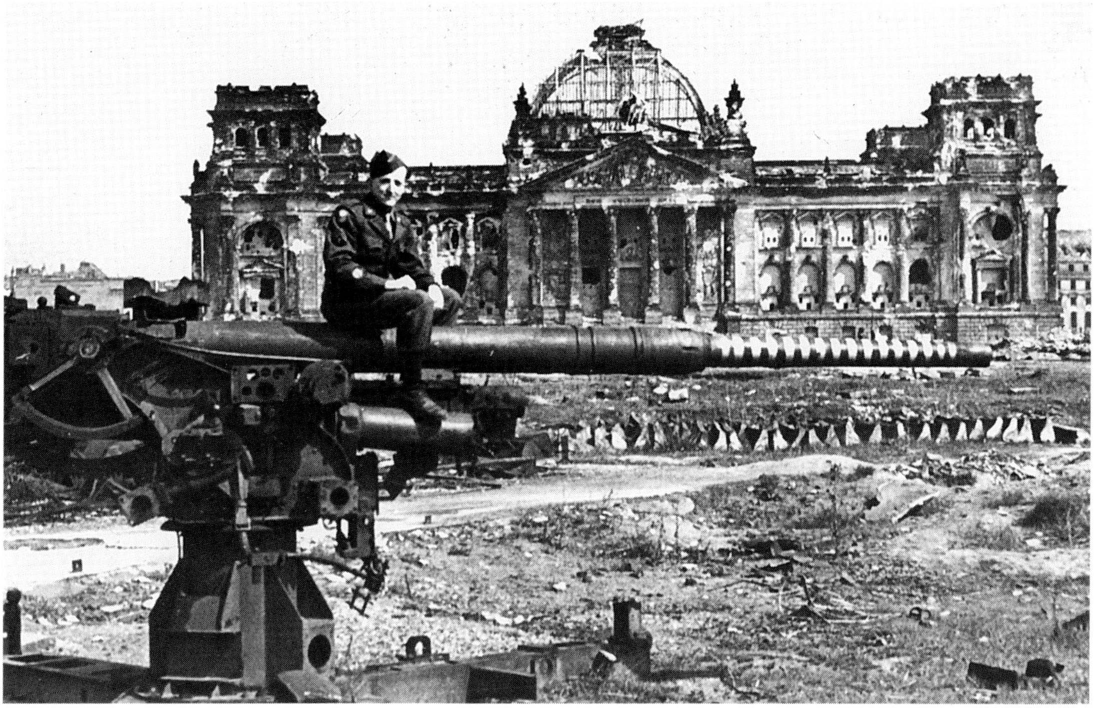

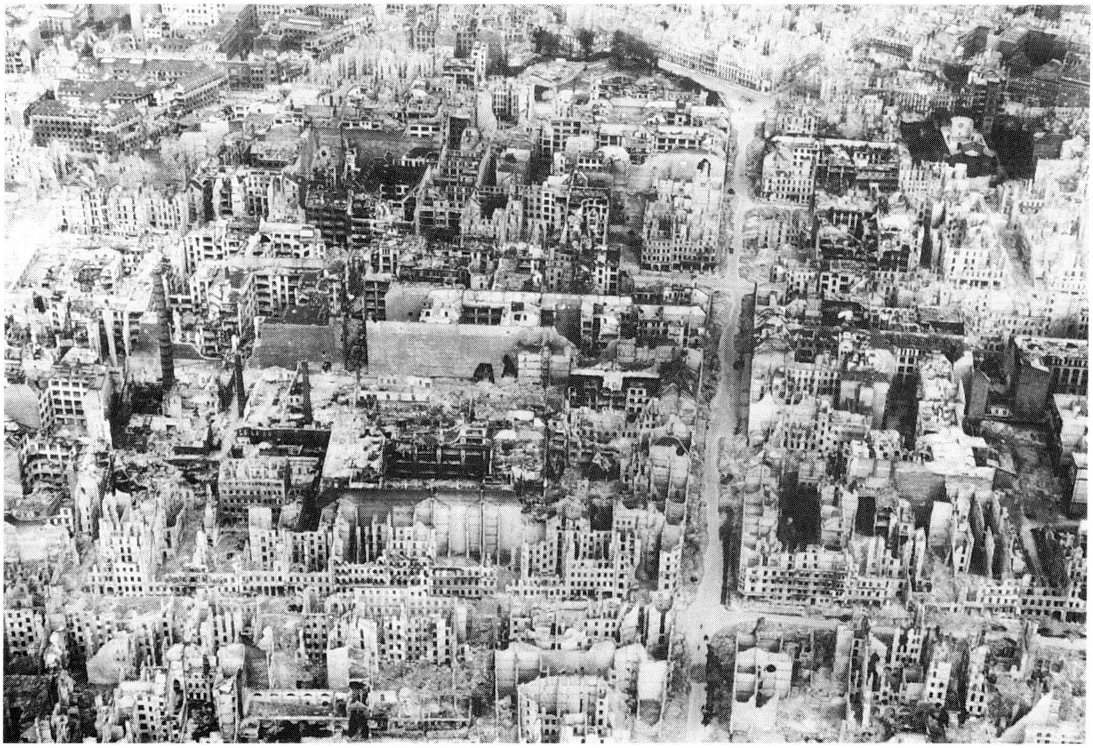

Und weiter, Militon? »Unser Kommandeur war Oberst Sintschenko. Am 30. April, so gegen Mittag, rief er uns zu sich und sagte: ›Burschen, stürmt den Reichstag, hißt die Fahne, und dann meldet euch bei mir.‹ Das taten wir. Erst streckten wir die Fahne überm Haupteingang aus einem Fenster, und am Abend gegen neun Uhr hißten wir sie auf der Kuppel.«

So einfach war das, aber weil da noch geschossen wurde, war am 30. April halt noch kein Fotograf anwesend und ein Kameramann erst recht nicht. Also wurde nach der Kapitulation Berlins der ganze Akt unter dramaturgischen Kriterien nachgestellt.

Das geschah am 2. Mai mit Gegenschüssen und Totalen für den offiziellen Film, mit Fahne auf der Kuppel – und an anderer Stelle auch noch für die Fotografen: Unser weltberühmtes Foto mit Kantarija auf der Säule, unterstützt von einem Offizier und Jegorow mit der Kalaschnikow, entstand am Nachmittag des 2. Mai. Man sieht, es ist die Ostseite des Reichstages, Richtung Brandenburger Tor: Die Fahne wird hier freilich nicht gehißt, nur für den Fotografen hochgehalten. Die Wirklichkeit ist eben manchmal kompliziert. Doch wer bestreitet, daß sich nicht der Film in unserem Gedächtnis eingenistet hat – denn seine Bilder sind nur flüchtig –, sondern das bewußte Foto? Auf Tausenden von Titelseiten seit dem 3. Mai verkündete es weltweit: Seht, wir sind als erste in Berlin, der Sieg ist unser!

Doch da wehten, so erklärt uns unser Held, längst Hunderte von Roten Fahnen auf dem ganzen Reichstag, der noch als Ruine imposant war; deshalb machte die Sowjetarmee auch soviel Aufhebens um ihn – wo hätten sie sonst Fahnen hissen sollen? Auf dem kleinen Brandenburger Tor war nicht viel Platz, der Funkturm war zu popelig. Erhaben sollte es sein, Wahrheit und Legende – ja, so war das, oder fast so.

Doch dann flüstert uns der Held von damals vor der Roten Fahne in der Glasvitrine zu: »Ihr wißt noch gar nicht, was das schlimmste ist. Die hier ist nicht mal echt. Die wahre Rote Fahne liegt im Keller.« Darf man das dem ehrbaren Museum der Sowjetarmee verargen? Das Original wird eben geschont, und für die besten Schätze der Nation sind schöne Duplikate gerade gut genug.

Doch hinter diesem angestrahlten Doppelgänger liegen auf dem Boden Originale anderer Art: malerisch drapiert, die Fahnen deutscher Regimenter. Als die Sieger paradierten, damals auf dem Roten Platz in Moskau, haben Rotarmisten sie dramatisch in den Staub geworfen – eine Geste als Symbol der Unterwerfung.

»Wenn ich diese Fahnen heute sehe«, sagt der Veteran mit ungebrochenem Sowjetstolz, »dann weiß ich, daß wir unbesiegbar sind. Niemand wird es jemals wieder wagen, unsere Heimat anzugreifen.« Und das wollen wir ihm gerne glauben.

Nach soviel Reden über Krieg und Siege ist es höchste Zeit für ein entspanntes friedliches Gelage. Wir arrangieren es im Moskauer Hotel

des Helden, der seit fünfundvierzig Jahren stets im marmorierten »Moskwa« abzusteigen pflegt, gleich am Manege-Platz.

Auch andere Veteranen haben wir geladen, den Direktor des Museums obendrein. Seit neuestem darf er keinen Wodka trinken, klagt der Held – die Leber. Aber dafür Wein, natürlich »ex« und nicht zu knapp, versteht sich.

Schließlich will er uralt werden: »Hundert Jahre mindestens, dasselbe wünsche ich euch!« Doch was wird sein, wenn in der Zwischenzeit die anderen Helden ausgestorben sind? »Wir brauchen keine Helden mehr«, erklärt der Veteran ganz weitsichtig, »höchstens Helden der Arbeit.«

Aber davon gibt's im weiten früheren Sowjetreich noch immer viel zu wenige, denn Leistung lohnte sich ja lange nicht. Und die Erinnerung an den Großen Vaterländischen Krieg, die immerhin jahrzehntelang als Kitt gedient hat, um die Sowjetvölker zusammenzuhalten, trägt nicht mehr.

Aber ist er nicht doch stolz auf seinen Titel? Immerhin stellt er sich bis heute so vor: »Gestatten, Militon Kantarija, Held der Sowjetunion.« Hat ein solcher Held nicht Privilegien?

»Für mich ist leben Privileg genug. Und sonst? Ich wohne etwas besser, esse etwas besser, trinke leider sehr viel besser – aber ist das schon ein Privileg?«

Ernannt zum Helden hat ihn der Georgier Stalin. Auf den »Woschd« läßt unser Veteran nichts kommen: »Stalin war für mich und meine

Heimat Stalin, und er wird auch immer Stalin sein. Einen zweiten Stalin wird es nie mehr geben.«

Das wünschen wir den Sowjetvölkern auch. Aber leugnet er die unbestreitbare Tatsache, daß Stalin ein Diktator war, ja ein Verbrecher?

Da komme ich dem Helden der Sowjetunion gerade recht: »Verbrechen? Stalin hat keine Verbrechen begangen! Er war nur konsequent! Wer sich ihm in den Weg stellte, dem hat er sich auch in den Weg gestellt. Er hat Gleiches mit Gleichem vergolten.«

Soviel ungehemmter Stalinismus ist jetzt selbst dem Oberst vom Museum peinlich. Als er vorsichtig erklärt, daß dies doch »altes Denken« sei, schlägt unser Veteran erbittert auf den Tisch: »Ich kann denken, was ich will, und ich kann sagen, was ich will. Schließlich gibt's ja Glasnost, oder?«

Glasnost für Stalin – das fehlt uns gerade noch, stöhnt der genervte Oberst. Aber jetzt ist Militon Kantarija in seinem Element. Wie steht er als Georgier eigentlich dazu, daß Georgien unabhängig ist?

»Das ist ein Fehler! Ich will, daß Georgien bei Rußland bleibt! Ich will, daß es wieder eine Sowjetunion gibt! Wofür hätte ich sonst auf eurem Reichstag mein Leben riskiert?«

Und die Georgier, die das anders sehen? »Das ist ihr Problem. Laßt sie doch in die Türkei gehen. Der Weg ist frei. Ich sage: Geht hin, wohin ihr wollt!«

Ein wahrer Held verrät es eben nicht, das große Vaterland. Damals, 1945, waren die Einnahme des Reichstags, die Eroberung Berlins und die Besetzung Ostdeutschlands der Preis des Sieges. Heute müssen die Sowjetsoldaten die ehemalige DDR verlassen. Fühlt sich da der Veteran nicht um seinen Sieg betrogen?

Jetzt wird er vorsichtig: »Das hängt doch nicht von mir ab. Das entscheiden die oberen Parteiorgane.«

Aber weil es die ja nicht mehr gibt und weil er allzu offensichtlich kneift, lassen wir ihn nicht so leicht aus. Ist er denn dafür oder dagegen?

»Es hat mich doch niemand gefragt, ob mir der Abzug der Sowjetarmee gefällt.«

»Also sollen die Soldaten gehen?«

»Nein, sie sollen bleiben!«

Das geht dem Oberst vom Museum doch zu weit. Er wiegelt ab: »Unsere Soldaten«, sagt er, »sollen künftig ihre eigene Heimat schützen. Heimzukehren ist schließlich ein ganz natürlicher Prozeß, nicht wahr?«

»Na gut«, meint unser Veteran, »wenn ihr es unbedingt wollt.« Und dann entschließt er sich doch noch zu einer freundlichen Bemerkung, als wir ihn fragen, ob die Deutschen für ihn heute Freunde sind.

»Jedenfalls sind sie für uns keine Feinde mehr. Wir werden friedlich miteinander umgehen, werden uns lieben oder zumindest respektieren.

»Wer keinen Wodka verträgt, ist kein Mann.« Militon Kantarija beweist seine Männlichkeit in fröhlicher Tafelrunde.

Wir werden einander besuchen und« – das sagt er jetzt auf deutsch – »zusammen Schnaps trinken.«

Zum Abschied hat er noch eine Bitte. Seit Erichs Zeiten ist er Ehrenbürger Ost-Berlins. Jetzt, nach der Einheit, möchte er Ehrenbürger ganz Berlins werden.

»Das wird schwierig«, sage ich. Denn der Senat sei gerade dabei, die Ehrenbürgerlisten von Berlin zu säubern. Da sind die östlichen elf Ehrenrussen stark gefährdet, er wohl auch.

Das sei ein Affront, erklärt er. »Wenn das geschieht, dann komme ich, erobere den Reichstag wieder, hisse meine Rote Fahne und bleibe so lange dort oben, bis ich wieder Ehrenbürger bin. Sag das den Leuten in Berlin!«

Das tue ich hiermit. Ihr Senatoren der vereinten Stadt! Verhindert bitte, daß Genosse Militon Kantarija noch einmal auf den Reichstag klettern muß! Laßt ihm die Ehrenbürgerschaft! Denn einen weiteren Reichstagssturm halten Herz und Leber unseres Helden nicht mehr durch. Seid also bitte human.

Der Schluß-strich

Der Schlußstrich

Am Anfang vom Ende stand zermürbendes Warten. Über zwölf Stunden hatte die deutsche Delegation in ihrem Wartezimmer unter alliierter Aufsicht Gelegenheit, die zurückliegende Katastrophe noch einmal in Gedanken Revue passieren zu lassen, bevor sie endlich abgeholt wurde, um den Schlußstrich darunter zu setzen – und damit ihre eigene Entmachtung zu signieren. Denn mit der Unterzeichnung der »Bedingungslosen Kapitulation« in Berlin-Karlshorst besiegelten die führenden Vertreter der deutschen Wehrmacht auch die verhängnisvolle Geschichte dieser Armee. Damit schwiegen in Europa, nach der größten Schlacht der Weltgeschichte, nun endgültig die Waffen. Der Zweite Weltkrieg hatte über fünfzig Millionen Menschenleben ausgelöscht und Leid verursacht, das nicht zu beziffern und zu beschreiben ist.

Die »Stunde Null« begann mit Verspätung. Als Generalfeldmarschall Keitel für Wehrmacht und Heer, Generaladmiral von Friedeburg für die Marine und Generaloberst Stumpff für die Luftwaffe ihre letzte Amtshandlung beendet hatten, war schon der 9. Mai 1945 angebrochen. Die Uhr in dem mit den Fahnen der Sieger ausgekleideten Raum zeigte 0.16 Uhr. Doch auf der Urkunde war der Stichtag für den Frieden schon verewigt. Und so blieb der 8. Mai das historische Datum des Kriegsendes. Der Frieden wurde abgesegnet, nachdem er schon über eine Viertelstunde in Kraft war.

Eigentlich war die Zeremonie auf zwanzig Uhr angesetzt. Doch protokollarische Plänkeleien zögerten den Beginn hinaus und boten einen Vorgeschmack auf die späteren Querelen zwischen den Siegermächten. Da tobte der diplomatische Streit um die Plazierung der Stühle, die sowjetische Soldaten am Vorabend noch schnell in den Trümmern der Stadt zusammengesucht hatten. Mühsam wurde die Sitzordnung so ausgeklügelt, daß weder der Sieger von Berlin, der Sowjetmarschall Schukow, noch der britische Luftmarschall Tedder, noch US-Generalleutnant Spaatz, der Vertreter Eisenhowers, und schon gar nicht der französische General de Lattre de Tassigny allzu zentral im Rampenlicht sitzen würden.

Dann stellte sich heraus, daß die verschiedenen Übersetzungen der Kapitulationsurkunde in einigen Formulierungen voneinander abwi-

chen. Also wurde in babylonischer Sprachvielfalt um Worte gefeilscht. Dabei störten sich die Russen am unfeierlich-legeren Benehmen der amerikanischen Delegierten, die zur Abkühlung der Debatte ein paar Kästen Bier mitgebracht hatten. So jedenfalls will es Schukows Militärdolmetscher Anatolij Dnjeprow beobachtet haben: »Neben den Flaschen vergrößerte sich der Stapel verdorbener Exemplare des historischen Dokuments. Auf einigen war Bier verschüttet.« Dann soll auch noch der Strom ausgefallen sein, so daß russische Kerzen den Raum in flackerndes Zwielicht hüllten.

Was auch immer hinter den verschlossenen Türen geschah, es schob den Schlußakt dieses Krieges Stunde um Stunde weiter auf – oder besser gesagt: dessen Neuauflage im Osten Berlins.

Denn knapp zwei Tage zuvor war genau dieses Stück in leicht veränderter Besetzung schon auf einer anderen Bühne aufgeführt worden. Am 7. Mai hatte Generaloberst Jodl im Auftrag des von Hitler beerbten Reichspräsidenten, Großadmiral Dönitz, die Kapitulation der deutschen Streitkräfte an allen Fronten unterzeichnet. Ort der Handlung: eine ehemalige Schule im Reims, Hauptquartier der Alliierten in Westeuropa.

Doch Stalin ließ sich seinen Triumph nicht nehmen. Der sowjetische Diktator betrachtete den Akt von Reims als Vorspiel und bestand auf einer Wiederholung in Berlin – in seinem Machtbereich. Offiziell hieß das: Bestätigung der Kapitulation. Mit der Neuaufführung vor der

Der erste Akt in Reims. Vor den alliierten Militärs besiegelte Generaloberst Jodl am 6. Mai 1945 die bedingungslose Kapitulation.

Kulisse der zerstörten Reichshauptstadt wollte Stalin der Welt demonstrieren, wer die Hauptlast des Krieges getragen hatte: das sowjetische Volk.

So verblieb Reims zwar die historische Bedeutung, zum historischen Symbol für das Ende des Krieges avancierte jedoch das Nachspiel in den Trümmern Berlins. Der Schauplatz hier: das ehemalige Kasino einer Pionierkaserne der Wehrmacht in Karlshorst.

Die Erben Lenins setzten später alles daran, den Mythos dieses Ortes zu wahren. Beinahe fünfundvierzig Jahre lang kündete die graue Villa als Museum der Sowjetarmee vom »ruhmreichen Sieg über den Hitler-Faschismus«. Schulklassen, Betriebsgruppen und Junge Pioniere aus dem realsozialistischen Teil Deutschlands pilgerten hierher, um den historischen Saal, belehrende Schautafeln, die überlebensgroße Statue Lenins und Reliquien wie die Uniform Marschall Schukows zu betrachten.

Seit dem Tag der deutschen Einheit ist diesem Kult der Boden entzogen, die Gedenkstätte ist vom schleichenden Verfall bedroht. Die Nachlaßverwalter der Roten Armee können das Museum heute aus eigener Kraft nicht mehr unterhalten und appellieren an das vereinigte Deutschland um Hilfe zum Erhalt. Die Siegermacht von einst in der Rolle des Bittstellers für die Pflege seines Vermächtnisses: Auf dramatische Weise kehrt sich die Geschichte um. Doch im historischen Saal ist die Atmosphäre bis heute beinahe unverändert geblieben. Die Flaggen der vier Mächte an der Stirnseite des Raums, Notizzettel vor jedem Stuhl: ein geschichtsträchtiger Ort im Dornröschenschlaf.

Das heißt, einige kleinere Veränderungen haben die Jahre offenbar schon mit sich gebracht: Die Tische sahen damals anders aus, die Wand war vollständig weiß gestrichen, alles wirkte weit weniger gepflegt. Das jedenfalls stellt Konrad Stangl bei der Inspektion vor Ort fest.

Und er muß es wissen, denn er war 1945 selbst mit dabei, als Begleitoffizier des Luftwaffengenerals Stumpff. Auf dem berühmten Bild der Kapitulationsunterzeichnung ist er zu sehen, hinten rechts, drei Meter hinter seinem Vorgesetzten. Mit einunddreißig Jahren war er damals einer der jüngsten Beteiligten.

Auch nach fast einem halben Jahrhundert ruft der historische Ort sogleich Erinnerungen wach: »Als wir gegen Mitternacht hier hereinkamen, sah ich zuerst einmal gar nichts. Der gesamte Raum war rauchgeschwängert vom Dampf der Blitzlichter, und wir standen mitten im grellen Scheinwerferlicht. Man hatte den Eindruck, daß die gesamten Wochenschauen der alliierten Welt auf uns gerichtet waren. Unter den Reportern gab es ziemlich viel Bewegung, ein Stuhl fiel um, es herrschte ein heilloses Durcheinander. Erst als sich Dunst, Rauch und Zigarettenqualm allmählich verzogen und der Lärm verebbte, erkannte ich an der Stirnseite des Saales Marschall Schukow, der offensichtlich den Vorsitz

führte, und zu beiden Seiten die anderen Oberbefehlshaber. Die Atmosphäre, mit der sie uns empfingen, war kühl, geschäftsmäßig, bar jeglicher Feierlichkeit, an der Grenze der Höflichkeit.«

Zum Pulk der Reporter gehörte damals auch der sowjetische Rundfunk-Korrespondent Anatolij Mednikow. Nach seiner Erinnerung hatte die nächtliche Begegnung der ehemaligen Kriegsgegner für die Wartenden im Saal einen nicht minder überraschenden Auftakt: »Wir hörten ein seltsames Geräusch und konnten uns nicht erklären, woher es kam. Es hörte sich an, als ob jemand mit dem Hammer Nägel einschlüge. Das war so unerwartet, daß alle sich umschauten und suchten, woher es wohl käme. Als sich dann die Tür zum Sitzungssaal öffnete und Keitel, gefolgt von Friedeburg, Stumpff und drei Adjutanten, erschien, sahen alle, wie sie über das Parkett des Saales marschierten, so wie einst die preußischen Soldaten. Das verursachte das Geräusch. Es war totenstill im Saal. Alle Anwesenden hielten den Atem an.«

Das besondere Augenmerk galt dabei dem Chef der deutschen Delegation Wilhelm Keitel, dem Mann, der dem »größten Feldherrn aller Zeiten« (Keitel über Hitler) bis zuletzt willfährig zu Diensten gewesen war.

René Bondoux, ein Mitglied der französischen Delegation, faßt für uns noch einmal den Eindruck zusammen, den der Oberbefehlshaber der deutschen Wehrmacht in diesem Moment auf ihn machte:

Die Wehrmacht streckte die Waffen. Nach der Übergabe ihrer Gewehre marschierten die deutschen Soldaten in die Gefangenschaft.

»Ohne Zweifel hatte Marschall Keitel seine Haltung bewahrt, die man als eine Haltung von großer Würde bezeichnen kann. Doch er war sehr starr, sehr streng. Daß er seine große Uniform mit den roten Aufschlägen trug, verstärkte den Eindruck noch. Als er in den Kapitulationssaal eintrat, grüßte er mit seinem erhobenen Marschallstab. Das verlieh ihm dann natürlich die Statur eines arroganten und hochmütigen Mannes.«

Wie vorher vereinbart, würdigten die Alliierten am grünbezogenen Präsidiumstisch Keitels militärischen Gruß nicht mit der geringsten Reaktion. So erstarrte die schmissige Geste zur steifen Gebärde. »Haltung bewahren« hatte Keitel seinen Leuten vorher eingeschärft, und diese starre Haltung erweckte nun den Eindruck, der wunderbar in das Weltbild der Sieger paßte: ein bornierter preußischer Kommißkopf.

Als der Feldmarschall eine Frist von vierundzwanzig Stunden erbat, um die Kapitulation auch dem Ostheer, das nur »schwer erreichbar« sei, bekanntgeben zu können, wurde er von Schukow schroff zurechtgewiesen. Dies war keine Verhandlung, sondern eine Befehlsausgabe.

Während der anschließenden Unterzeichnung der Kapitulation nahm der sowjetische Beobachter Mednikow das Wechselspiel zwischen Sieger und Besiegtem besonders genau ins Visier:

»Als Keitel ein Dokument nach dem anderen unterschrieb, nahm er hin und wieder das Monokel vom Auge und suchte Schukows Blick. Er tat das ruhig und ohne seine Würde zu verlieren, keineswegs herausfordernd. Er suchte den Blick Schukows, konnte ihn aber nicht finden, denn der sowjetische Marschall wollte ihn nicht anschauen.«

Die Devise war klar erkennbar: Hier fand keine diplomatische Unterredung statt, sondern ein Tribunal der Siegermächte über den Amokläufer der zivilisierten Welt. Die Deutschen sollten Statisten sein bei einem formellen Akt der Unterwerfung.

Doch für den jungen Luftwaffenoffizier Konrad Stangl war dieser Moment mehr von Erleichterung als von Schmach geprägt:

»Wer wie ich als Stabsoffizier jahrelang die Aufgabe hatte, die ganzen schlimmen Folgen des Krieges, das Geschehen an der Front, die Katastrophen in der Heimat durch den Luftkrieg und in den letzten Monaten das schreckliche Schicksal der Flüchtlinge zu beobachten, zu analysieren und mehrmals täglich vorzutragen, der konnte es nur – fast möchte ich sagen – als eine Art Erlösung und Befreiung empfinden, daß dieses sinnlose Sterben nun zumindest formal ein Ende gefunden hatte. Sicher war innerlich auch ein Gefühl der Bitterkeit vorhanden über die vielen Opfer, die sich nun als vergeblich erwiesen. Aber vor allem bei den jüngeren Offizieren herrschte doch das Bewußtsein vor, daß hier ein Regime, das sich als verbrecherisch erwiesen hatte, durch diesen formalen Akt hinweggefegt wurde.«

Die weitflächig bis auf die Grundmauern zerstörte Stadt schien die totale Niederlage des totalitären Regimes anschaulich abzubilden. Schon

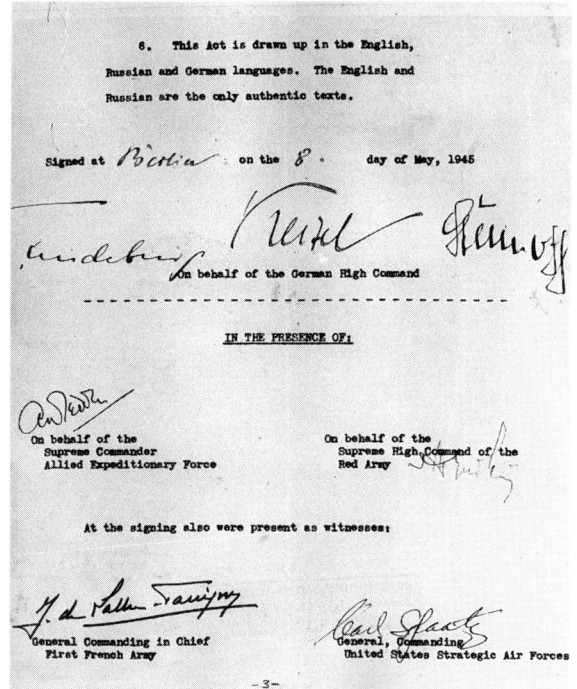

die Rollbahn des Flugplatzes in Tempelhof, auf der die deutsche Delegation am 8. Mai kurz nach dreizehn Uhr mit einer amerikanischen Transportmaschine landete, war von Bombentrichtern zerpflügt. Die Brücken lagen zerborsten in den Kanälen, viele Stadtviertel glichen einer Trümmerwüste, aus der vereinzelt Fassaden und Kamine ragten. Selbst in den Mauern der Herberge, in der die Vertreter der Wehrmacht untergebracht wurden, klaffte ein breiter Riß.

Man wies ihnen zwei Räume im ersten Stock zu, wo sie erst einmal zum Warten verdammt waren. Für Konrad Stangl waren das bedrückende Stunden:

»Wir wußten zunächst überhaupt nicht, was auf uns zukam. Es gingen Gerüchte, daß die Unterzeichnung in Potsdam stattfinden würde. Dann hieß es wieder, daß wir in Karlshorst ein Zeremoniell über uns ergehen lassen müßten – in welcher Form, das war uns völlig unbekannt. Die Stunden gingen dahin. Erst war von fünfzehn Uhr die Rede, dann hieß es siebzehn Uhr, um neunzehn Uhr wurden wir dann endlich in die Pionierschule gebracht, wo man uns einen Imbiß mit Schinken, Käse, Kaviar, Weißbrot und Rotwein anbot. Da dachten wir natürlich, es würde gleich losgehen, aber dann dauerte es noch bis Mitternacht. Gesprochen wurde in diesen Stunden nicht viel. Keitel erzählte von einem Sohn, der noch an der Ostfront stand, und von einem Sohn, der gefallen war. Auch Generaloberst Stumpff sprach von persönlichen

Die historische Urkunde und ihr Unterzeichner, Generalfeldmarschall Keitel. In Berlin-Karlshorst wurde auf Wunsch Stalins der Kapitulationsakt wiederholt.

99

Konrad Stangl war als junger Generalstabsoffizier bei der Kapitulation in Karlshorst mit dabei. »Trotz aller Bitterkeit war es für uns auch eine Stunde der Befreiung«, erinnert er sich heute.

Dingen. Von Friedeburg holte aus einem Buchregal einen englischen Krimi heraus und zog sich in einen Sessel zum Lesen zurück. In der Zwischenzeit kam öfter ein russischer General vorbei, der uns Fragen stellte; zum Beispiel, auf welchem Bein Goebbels gehinkt habe. Aber keiner von uns konnte ihm eine Antwort darauf geben. Irgendwann tauchte dann der sowjetische Armeegeneral Sokolowski auf und prüfte die Vollmachten der drei Oberbefehlshaber. Dabei stand zur Frage, ob denn der Großadmiral Dönitz, der sie gesandt hatte, überhaupt das rechtmäßige Staatsoberhaupt sei. Darauf meinte Keitel, daß nach der deutschen Verfassung, die ja nicht schriftlich vorlag, der Führer und Reichskanzler seinen Nachfolger bestimmen könne und Hitler Dönitz noch selbst eingesetzt habe. Es wurde sogar gefragt, ob Hitler überhaupt tot sei, man habe ihn nicht gefunden. Darauf meinte Keitel, darüber könne gar kein Zweifel bestehen.«

Doch Stunden später hatten solche Fragen nach dem verfassungsrechtlichen Erbe des Unrechtsstaates schon jede Bedeutung verloren. Formell ergab sich mit der Kapitulation zwar nur die Wehrmacht und nicht der Staat. Aber tatsächlich erlosch mit der Unterschrift unter das Dokument auch das Deutsche Reich. Und die drei Oberbefehlshaber, die die Feder führten, unterschrieben ihren eigenen Abgang gleich dazu. Die führenden Vertreter der Wehrmacht hatten ihren Anteil an Schuld und Sühne der begangenen Verbrechen zu tragen.

Der Oberbefehlshaber der Wehrmacht, Wilhelm Keitel, als Delegierter noch immun, wurde von den Alliierten vom Moment der Kapitulation an als Kriegsverbrecher behandelt und ein Jahr später in Nürnberg mit dem Tode bestraft. Marinegeneral von Friedeburg zog nach der Verhaftung der Regierung Dönitz mit der Einnahme einer Giftkapsel selbst die Konsequenzen. Luftwaffengeneral Stumpff, der seinen Namenszug ohnehin nur in Vertretung des verhinderten Luftwaffenchefs Ritter von Greim unter die Urkunde gesetzt hatte, wurde später von einem britischen Militärgericht freigesprochen. Sein Begleitoffizier Konrad Stangl kam für knapp zwei Jahre in ein Kriegsgefangenenlager in Schleswig-Holstein, bevor er mit der Promotion zum Doktor der Rechte seine Karriere im Verteidigungsministerium und in der Bundeswehr startete.

Den 8. Mai 1945, Wartezeit auf eine Unterschrift, betrachtet er nicht nur für sein Leben als tiefen Einschnitt:

»Mir war klar, daß dieser Tag eine Zäsur in der deutschen, in der europäischen Geschichte setzen würde. Wir standen an einem Anfang. Daß die Alliierten Deutschland in einzelne Zonen aufteilen würden, das war wohl bekannt, aber wie das werden sollte, blieb noch völlig im dunkeln. Ich war damals überzeugt, daß Deutschland aufgrund der weitreichenden Zerstörung wirtschaftlich noch lange Zeit gelähmt sein würde und die Leiden für die Bevölkerung noch keineswegs zu Ende waren. Auf der anderen Seite war mir bewußt, daß wir mit all den modernen technologischen Möglichkeiten erst am Anfang eines neuen Zeitalters standen.«

Für die Militärs aus dem alliierten Lager begann die neue Epoche zunächst mit einer ausgelassenen Siegesfeier. Selbst der sonst eher trockene Marschall Schukow schwelgt in seinen Erinnerungen: »Das Festessen endete am Morgen mit Liedern und Tänzen. Dabei waren die sowjetischen Generäle einfach nicht zu schlagen. Auch ich konnte schließlich nicht mehr an mich halten, fühlte mich wieder jung und gab eine gesungene ›Russkaja‹ zum besten.«

Die meisten Deutschen erlebten jenen Tag eher in gedrückter Stimmung. Weniger der Aufbruch stand ihnen in diesem Moment vor Augen, als vielmehr der totale Zusammenbruch. Bedrängt von der Sorge ums tägliche Überleben, konnten sie kaum ahnen, was die Unterschrift in Karlshorst auch einleiten sollte: die längste Friedenszeit, die Deutschland je erlebt hat. Am Ende der Nacht vom 8. auf den 9. Mai 1945 dämmerte ein neuer Morgen für Europa.

Das Wunder von Bern

Das Wunder von Bern

Wunder gibt es immer wieder, doch selten, wenn man sie braucht. Millionen hofften am 4. Juli 1954 auf ein Wunder, und es kam – mit einem langgezogenen Schlußpfiff.

»Aus – Auuus – Aus. Das Spiel ist aus!!! Deutschland ist Weltmeister, schlägt Ungarn mit drei zu zwei Toren im Finale in Bern.«

Selten hat ein »O-Ton« soviel Begeisterung hervorgerufen. Rundfunkreporter Herbert Zimmermann hatte aus dem Finale um die Fußballweltmeisterschaft 1954 ein Fest der Spannung und Bewegung gemacht. Keiner kommentierte das Spiel so mitreißend wie er. Seine Stimme drang bis in die abgelegensten Wohnstuben der Bundesrepublik.

Die Sensation war perfekt. Den Westdeutschen schlug in Bern ihre erste Sternstunde. So ist das, wenn ein Außenseiter unerwartet Gewinner einer Weltmeisterschaft wird: Landauf, landab der reine Freudentaumel! Und das alles wegen eines Fußballspiels?

Für die im Aufbau befindliche Bundesrepublik war der WM-Titel mehr als ein sportlicher Erfolg. Es ging um internationale Anerkennung; darauf waren die Westdeutschen damals dringend angewiesen. Sie hatten lange genug im Abseits gestanden, waren geächtet, weil sie Hitler und seine Verbrechen zugelassen hatten. Kein Wunder, daß da manchem Zeitgenossen der Gewinn der Weltmeisterschaft wie ein Durchbruch erschien. Für viele war er Ausdruck eines neu erwachten Selbstbewußtseins: »Wir sind wieder wer!«

Am Anfang der Weltmeisterschaft hätte wohl kaum jemand auch nur einen Pfifferling auf die deutsche Mannschaft gewettet, so gering schienen die Chancen gegen die großen Favoriten. Deshalb mutete der Sieg für viele Zeitgenossen wie ein Märchen an. Für manche war es noch mehr, nämlich ein »Wunder« – das »Wunder von Bern«.

Der größte Jubel galt denen, die dieses »Wunder« vollbracht hatten. Da war zunächst der Bundestrainer, Sepp Herberger, auch »Bundes-Sepp« genannt. Er war der unbestrittene Vater des Erfolgs. Dann war da die Nationalelf, die »elf Helden von Bern«, die die Ungarn das Fürchten lehrten – und schließlich: ihr legendärer Spielführer Fritz Walter, auf dem besten Wege, neben Max Schmeling der beliebteste deutsche Sportler aller Zeiten zu werden. »Sein« Foto von damals drückt wie kein anderes aus, was dieser Sieg für Deutschlands Fußballfans und -spieler bedeutete: ein glücklicher Fritz Walter auf den Schultern seiner Mannschaftskameraden.

Am Ort der Fußballschlacht von damals, im Berner Wankdorf-Stadion, treffen wir den Kapitän a. D.

»Fritz Walter, erinnern Sie sich noch an diesen Augenblick?«

»Ja, als die Nationalhymne gespielt war, hab' ich den Jungs gesagt: ›Alles klar, nehmt den Chef auf die Schultern‹. Und da haben sie Sepp Herberger hoch genommen, der Otmar, der Rahn, die Kräftigsten der Mannschaft, und plötzlich war ich auch mit auf den Schultern. Wenn ich das Bild sehe, bekomme ich nach wie vor 'ne Gänsehaut. Es war schon sensationell. Unwahrscheinlich.«

Unwahrscheinlich – so waren ursprünglich auch Deutschlands Erfolgsaussichten bei der Weltmeisterschaft. Die Mannschaften aus Ungarn und England galten als »unbesiegbar«. Brasilien, vielleicht auch Uruguay und Österreich zählten noch zum Kreis der Favoriten, die Deutschen jedenfalls nicht. Bei den Qualifikationsspielen im Vorjahr hatte die Herberger-Truppe nicht gerade Furore gemacht. Die ausländische Presse nahm Deutschlands Kicker gar nicht richtig wahr. Aber das schreckte Sepp Herberger nicht. In aller Stille ging er daran, eine Mannschaft zu formen, die es eines Tages spielerisch und kämpferisch in sich haben sollte.

Fritz Walter galt als Herbergers »verlängerter Arm auf dem Spielfeld« – obwohl er am liebsten schon 1952 das Handtuch geworfen hätte. Warum?

»Wir hatten 1952 ein wichtiges Spiel in Paris und verloren 3:1. Ich hab' so schlecht gespielt, schlechter konnte man gar nicht mehr spielen. Und eine Zeitung schrieb sogar: ›Auf Halblinks stand der Wäschereibesitzer Fritz Walter‹ – meine Frau und ich hatten uns gerade 'ne Wäscherei angeschafft. Da hab' ich gesagt: ›Herr Herberger, es hat keinen Wert mehr, lassen Sie mich weg.‹ Und da hat er gesagt: ›Fritz, reden Sie kein dummes Zeug, bleiben Sie.‹ Und ich blieb.«

Kein Wunder, daß der »alte Fritz« so gerne über seinen »Chef« spricht. Herberger war eine echte Vaterfigur für seinen Friedrich. Er war Stratege, Pädagoge und Seelentröster in einem. In Fritz Walter hatte er einen hochsensiblen, aber auch gelehrigen Schüler, mit dem er die Guerillataktik Mao Tse-tungs auf das Spielfeld umzusetzen wußte: »Dort, wo der Ball ist, mußt du stärker als der Gegner sein.« Nicht umsonst galt Herberger als »Fußball-Weiser von der Bergstraße«. »Der Ball ist rund, und ein Spiel dauert neunzig Minuten«, lautete sein bis heute unwiderlegter Leitsatz Nummer eins. Nicht ohne Grund verglich Kabarettist Dieter Hildebrandt Sepp Herbergers Eigenschaften mit denen Konrad Adenauers: »Auch Herberger kam mit einem ganz geringen Wortschatz aus. Er hat sich sehr volkstümlich gegeben und aus dem Nichts wieder eine

Mannschaft geformt, die plötzlich wunderbar spielte.« Zwei wichtige Vaterfiguren also: Bundeskanzler und Bundestrainer.

»Welche Rolle wies Ihnen der ›Chef‹ zu, Fritz?«

»Ich darf bei aller Bescheidenheit sagen: Ich war sein verlängerter Arm auf dem Spielfeld. Er hat alle Interna mit mir besprochen. Das war wie ein Vater-Sohn-Verhältnis. Und die Mannschaft war die Familie. Herberger agierte immer sehr souverän. Selbst, wenn wir mal verloren hatten, sagte er: ›Männer, nach dem Spiel ist vor dem Spiel.‹ Er hat schon wieder ans nächste Spiel gedacht. Das war der Chef.«

Diese Haltung war auch dringend notwendig. Schon in der ersten Runde trafen die Deutschen auf den haushohen Favoriten Ungarn. Und Ungarn war eine perfekt funktionierende Ballett-Truppe, in mehr als dreißig Spielen ungeschlagen, das »Wunderteam« Europas – bis zum Finale. Im November 1953 noch hatten die Magyaren England zum ersten Mal auf eigenem Boden bezwungen und damit Fußballgeschichte geschrieben.

Sechzigtausend Schlachtenbummler kamen ins Basler St.-Jakobs-Stadion, davon die Hälfte aus der Bundesrepublik. Schon zu Beginn gab es Pfiffe wegen Herbergers Mannschaftsaufstellung. Denn auf dem Spielfeld fehlten Supertorhüter Toni Turek, Sturmspitze Max Morlock, Otmar Walter und Hans Schäfer.

Es kam, was viele befürchtet hatten. Das Spiel geriet zu einem Fiasko. Die Magyaren entfachten einen wahren Puszta-Sturm, eine ungarische Rhapsodie mit einem bunten Reigen von Toren. 8:3 für Ungarn lautete das Endergebnis. Die Katastrophe schien perfekt.

Doch dahinter steckte Taktik. Der »Chef« wollte bei dieser Begegnung, die er ohnehin verloren glaubte, seine Spitzenspieler schonen. Ein Sieg im nächsten Spiel – gegen die Türkei – reichte aus, um eine Runde weiterzukommen.

Die Presse sah das anders und forderte Herbergers Kopf. »In die Wüste schicken«, empfahlen zahlreiche Blätter. Woher sollten sie auch wissen, daß echte »Wunder« wie das von Bern zunächst mal Opfer brauchten, hier den »Opfergang von Basel«! Der »Chef« ließ sich nicht beirren, und die Rechnung ging auf. Nach Siegen gegen die Türkei und Jugoslawien erreichte das deutsche Team das Halbfinale. Die Fußballwelt begann den Außenseiter ernst zu nehmen. Man spürte, daß hier eine eingeschworene Mannschaft Fußball spielte.

Das kam nicht von ungefähr. Das Kreativ-Duo Walter–Herberger sorgte für eine Atmosphäre, der hernach ein mysteriöser Name anhaftete: der »Geist von Spiez«. In Spiez am Thuner See hatte Herbergers Mannschaft ein ideales Quartier gefunden. Von hier aus konnte die WM-Elf binnen kurzer Zeit in alle Spielorte fahren. Das war der äußere Rahmen von »Spiez«.

»Und der ›Geist‹?«

»Den ›Geist von Spiez‹ haben wir eigentlich aus Kaiserslautern mitgebracht und auf die Nationalmannschaft übertragen. Wir bildeten vor dem
Spiel einen Kreis mit allen Spielern und Betreuern, schauten uns in die
Augen und riefen uns zu: ›Männer, einer für alle, alle für einen.‹ Für
unseren Erfolg damals war das entscheidend, weil wirklich das Wort
gestimmt hat: ›Elf Freunde müßt ihr sein.‹ Das stärkte unser Gemein-
schaftsgefühl.«

»Elf Freunde müßt ihr sein« und »Einer für alle«: Die Parolen von
damals klingen wie Botschaften aus einer alten Sage. Im heutigen
Fußballgeschäft würden solche Beschwörungsformeln wohl eher anti-
quiert anmuten. Doch damals war der »Geist von Spiez« der »zwölfte
Mann« im Walter-Team.

Das erste, »kleine« Wunder geschah im Halbfinalspiel Deutschland
gegen Österreich. Herbergers Truppe überrannte Austrias Mannen nach
allen Regeln der Kunst. Hans Schäfer schoß das 1:0, Max Morlock das
2:0. Ein Elfmeter von Fritz Walter, und es stand – nach einem Gegentor
der Österreicher – 3:1. Dann eine Ecke von Fritz und der Kopfball von
Bruder Otmar: 4:1 für Deutschland. 6:1 lautete das Endergebnis. Selbst
der skeptische Sepp Herberger war an diesem Tag voll zufrieden. Nie
zuvor hat eine deutsche Fußballnationalelf besser gekickt, und auch die
internationale Presse gestand prompt ein: »Die Deutschen können nicht
nur rennen und kämpfen, sie können sogar ein bißchen Fußball spielen.«

*»Elf Freunde
müßt ihr sein.«
Sepp Herberger
und die Sieger
von Bern.*

Zwischen den Alpen und Flensburg gab es nun kein anderes Thema mehr. Die ganze Nation schien nur noch aus Fußballfans zu bestehen – wenigstens vorübergehend.

Und dann kam der Endspieltag, der 4. Juli 1954. Fast dreißigtausend deutsche Schlachtenbummler pilgerten in das Wankdorf-Stadion in Bern. Deutschlands Straßen waren wie leergefegt. Millionen schalteten ihre Radios ein – und zum ersten Mal auch die Fernsehgeräte. Auf mehr als dreißigtausend Mattscheiben feierte an diesem Tag auch der TV-Fußball fröhliche Urstände. Kneipeninhaber, die über ein Gerät verfügten, machten an diesem Sonntag das Geschäft ihres Lebens.

Der Himmel hielt, so schien es, zu den Deutschen, denn es nieselte, und der Rasen war feucht. Das war Fritz-Walter-Wetter!

»Ich hab' halt lieber bei Regen gespielt. Ich war Soldat auf Sardinien, Korsika und Elba, und dort bekamen wir alle Malaria. Deshalb mochte ich keine Hitze. Wenn es regnete, fühlte ich mich wohl. Außerdem konnte ich – als guter Techniker – auf nassem Rasen besser spielen.«

Was zu beweisen war. Bei den Ungarn mischte Spitzenstürmer Ferenc Puskas wieder mit. Der »Fußball-Major« der Magyaren hatte sich zu Beginn der Weltmeisterschaft verletzt. Herberger ließ die siegreiche Elf aus dem Halbfinale wieder aufmarschieren, also: Turek; Posipal, Kohlmeyer; Eckel, Liebrich, Mai; Rahn, Morlock, Schäfer, Otmar und Fritz Walter. Kurz vor fünfzehn Uhr liefen die beiden Mannschaften, angeführt vom englischen Schiedsrichter Ling, auf das Spielfeld.

Die Ungarn stürmen nach dem Anpfiff sofort los. Schon nach wenigen Minuten erzielt Puskas das 1:0. Nur zwei Minuten später: Ein Mißverständnis zwischen Kohlmeyer und Turek, Czibor geht dazwischen, und es steht 2:0. Die deutsche Elf wirkt wie gelähmt. Jubel bei den Ungarn.

Doch dann wendet sich das Blatt: Rahn zieht ab, Lorant verfehlt, Morlock grätscht den Ball ins Tor. Nur noch 2:1 für die Magyaren. Die Aufholjagd geht weiter. Rahn nimmt das Leder im Direktschuß – 2:2. Ausgleich und Halbzeit.

Das war schon eine gelinde Überraschung:

»Nach dem Ausgleich hatten wir zum ersten Mal das Gefühl: Diese ungarische Mannschaft ist zu schlagen.«

Und wie erlebten die Deutschen in der Heimat das Spiel? Einige Fußballfans von damals erinnern sich an den denkwürdigen Tag.

Josef Neckermann:

»Mir läuft es heute noch kalt den Rücken herunter, wenn ich an die Übertragung des Endspiels denke. Ich habe sie zu Hause im Kreise meiner Familie erlebt. Die Straßen waren wie leergefegt.«

Norbert Blüm:

»Ich war damals neunzehn und fuhr mit der Bahn zu einem Betriebsrätekurs in Königswinter. Als wir an einem Stellwerk bei Rüdesheim vorbeifuhren, hängten die Bahnwärter dort ein Schild raus. 1:0 für

Ungarn, dann einige Kilometer weiter hing wieder ein Schild, 2:0. Es wurde ziemlich still im Zug.«

Dieter Hildebrandt:

»Wir probten für ein Theaterstück, und ich spielte die Hauptrolle. Ich habe vor dem Endspiel gesagt: ›Nein, das Proben geht vor.‹ Aber dann, immer wenn die anderen gerade ihren Part einübten, habe ich mich entschuldigt, ich müßte mal wieder pinkeln gehn. Und dann habe ich in einem Nebenzimmer das Radio angedreht, um ja zu wissen, wie's gerade steht.«

»Ob in Hamburg, ob in München, ob in Bonn, ob in Köln, ob in Frankfurt – Sie alle, alle, die Sie einen Lautsprecher haben, Sie werden hoffentlich dabeisein und die Daumen drücken für unsere tapferen Jungs.«

Herbert Zimmermanns beschwörende Worte verhallten nicht ungehört. Ob zu Hause am Radio oder am Fernseher, im Zug oder im Hinterzimmer eines Theaters: Millionen gerieten an diesem Tag in den Bann des Fußballs. Sogar die Musen mußten zurückstecken, wie Dieter Hildebrandt reumütig einräumt.

Nach der Halbzeitpause aber wurde es noch spannender. Zunächst gewannen die Ungarn wieder die Oberhand. Torhüter Turek bewährte sich mehrmals als Retter in letzter Not: »Turek, du bist ein Teufelskerl, du bist ein Fußballgott«, rief Zimmermann ins Mikrofon.

Das »Wunder« kurz vor der Vollendung. Helmut Rahn schießt das 3 : 2-Siegtor für Deutschland.

Und dann kam die Wende.

»Kopfball, abgewehrt – aus dem Hintergrund müßte Rahn schießen. Rahn schießt, Tooooor, Tooooor, Tooor, Tooor, Tooor für Deutschland. Linksschuß von Rahn, Schäfer hat sich gegen Boszik durchgesetzt. 3:2 für Deutschland, fünf Minuten vor dem Spielende. Halten Sie mich für verrückt, halten Sie mich für übergeschnappt, ich meine, auch Fußballer sollten ein Herz haben.«

Herbert Zimmermanns Herzfrequenz jedenfalls schien mehrmals bedenklich nahe an die Infarktgrenze zu geraten, als er mit wahren Wortkaskaden, einprägsamen Wiederholungen und sich überschlagender Stimme das Geschehen auf dem Spielfeld berichtete. »Aus, aus, aus, das Spiel ist aus. Deutschland ist Weltmeister!« Das unsterbliche »Finale furioso« des rasenden Reporters nach dem Schlußpfiff des Schiedsrichters traf genau die Stimmungslage der Nation. Das Wunder war perfekt, die Bundesrepublik Weltmeister und die Bevölkerung völlig aus dem Häuschen.

Das Fußballfieber trieb allerorten den Puls in die Höhe. Leute, die sich nie zuvor gesehen hatten, umarmten und küßten sich. Fenster wurden aufgerissen, die Deutschen winkten sich mit bunten Laken und Tüchern zu. Innerhalb von wenigen Minuten waren die Gasthäuser bis auf den letzten Platz gefüllt. Viele wollten diesen Augenblick der Freude mit anderen Menschen teilen.

Auch die Hauptakteure dieses Tages verwandten alle Energien, die ihnen das aufreibende Spiel noch gelassen hatte, darauf, den Rasen in einen Festplatz zu verwandeln.

»Für uns alle war es der absolute Höhepunkt und die Krönung unserer Fußballaufbahn, vor allen Dingen auch für mich. Man hatte ja vorher geschrieben: ›Fritz Walter ist zu alt. Herr Herberger soll ihn zu Hause lassen.‹ Er hat mich Gott sei Dank mitgenommen. Ich war vierunddreißig Jahre alt. Wir hatten schon zwei deutsche Meisterschaften mit dem FC Kaiserslautern gewonnen, aber daß wir auch mal Weltmeister werden würden, damit hat niemand gerechnet. Ich auch nicht.«

Beim Abspielen der Nationalhymne gab es dann allerdings eine unangenehme Überraschung. Die deutschen Fans sangen statt der offiziellen dritten Strophe des Deutschlandliedes jene Zeilen lautstark mit, die sie nur allzu gut im Ohr hatten: »Deutschland, Deutschland über alles«. Die Gastgeber waren düpiert. Der Schweizer Telefon-Rundspruch schaltete sich prompt aus der Live-Übertragung aus. Neun Jahre nach dem Krieg waren den Schweizern solche Töne noch zu unheimlich.

Um einiges gedämpfter war die Stimmung im Lager der Magyaren. Sie hatten ihr »blaues Wunder von Bern« erlebt und konnten es immer noch nicht ganz begreifen. Doch das wirklich schlimme Nachspiel fand in ihrer Heimat statt. Der Mißerfolg wurde wie eine nationale Katastrophe aufgenommen. Budapest glich einer belagerten Stadt; Straßenbahnen

wurden umgestürzt, Schaufenster eingeschlagen, öffentliche Gebäude gestürmt. Es kam zu Massendemonstrationen gegen das Regime. Als Ungarns Fußballer heimkehrten, wartete eine aufgebrachte Menge auf sie. »Die sind doch alle von Mercedes bestochen« – so oder ähnlich versuchten die enttäuschten Fans das Unfaßbare zu erklären. Doch einem tatkräftigen Ausbruch des Volkszorns hatten die Organisatoren sicherheitshalber einen Riegel vorgeschoben. Die Mannschaft kletterte klammheimlich schon in einem Vorort von Budapest aus dem Zug. Das war die Kehrseite des Berner Wunders.

»Hat die ungarische Mannschaft unverdient verloren?« frage ich Fritz Walter.

»Wir wissen, daß diese Mannschaft besser war, als sie gespielt hat. Sie

»Wir sind wieder wer.« Die deutsche Mannschaft beim Triumphzug auf dem Münchner Marienplatz.

Oben rechts: Seinem Verein ist er bis heute treu geblieben. Fritz Walter auf dem Betzenberg.

hätte es auch verdient, Weltmeister zu werden. Aber die Behauptung, wir hätten nur mit Glück gewonnen, geht an der Realität vorbei. Wenn man gegen eine solche Weltklasse-Mannschaft nach sieben Minuten schon 2:0 zurückliegt, dann den Ausgleich erzielt und danach noch imstande ist, sechs Minuten vor Schluß das alles entscheidende Tor zu schießen, dann hat man nicht nur mit Glück gewonnen, sondern auch mit Können, und darauf sind wir heute noch stolz.«

Wenn dem Favoriten ausgerechnet von einem krassen Außenseiter das Bein gestellt wird, ist die Freude um so größer. Beim Empfang der deutschen Mannschaft in der Heimat überboten sich die Städte in triumphalen Empfängen. Bundespräsident »Papa« Heuss gratulierte im Berliner Olympia-Stadion den »Helden« väterlich und überreichte ihnen Silberlorbeer. Ganze Berge von Geschenken türmten sich vor den Spielern und ihren Begleitern auf. Von der Zigarrenkiste bis zum Motorroller lockten nach dem Fußballwunder nun die Früchte des beginnenden nachkriegsdeutschen Wirtschaftswunders. Sepp Herberger wurde in seinem Heimatort zum Ehrenbürger ernannt.

»Wer hat damals eigentlich gewonnen?« frage ich Fritz Walter, »nur elf Fußballspieler – oder Deutschland?«

»Es gab eine Sache, die der Chef immer an uns herangetragen hat: ›Männer, denkt daran, daß ihr nicht nur den deutschen Fußball, sondern auch unser Land innerhalb und außerhalb des Spielfeldes ehrenvoll vertretet.‹ Und das ist uns gelungen.«

Die Euphorie in Deutschland galt nicht nur den Siegern und ihrem fußballerischen Volltreffer. Der sportliche Triumph von Bern war nach der Währungsreform auch das erste große Gemeinschaftsereignis der »Zweiten Republik«.

»Das haben wir ganz stark empfunden. Selbst die Oma und der Opa, die sich nie für Fußball interessiert hatten und das Spiel nur am Rande mitverfolgten, haben gesagt: ›Wir sind wieder wer.‹ Und das galt für das ganze deutsche Volk.«

Fußballfan Norbert Blüm drückt es noch drastischer aus: »Deutschland hat um seine Anerkennung in der Welt gekämpft. Man fühlte sich als Notgemeinschaft. Insofern war diese Fußballnationalmannschaft Fleisch von unserem Fleisch.«

Ein rundes Leder und elf Ballkünstler als gesellschaftliches Wunderheilmittel? Die deutsche Nachkriegsgesellschaft empfand die Anerkennung auf dem Spielfeld als Balsam für verletztes Selbstbewußtsein. Nicht-Fußballfan Wolf Biermann, damals in Hamburg am Radiogerät, hält das für Verdrängung:

»Es war für die Deutschen ein historischer Tag, denn damit war für viele Landsleute diese ›Lappalie‹ Nazi-Vergangenheit vergessen, weggeschossen mit einem Tor – von Seeler? Nein, von Rahn, ja, so hieß er. Jedenfalls ein deutscher Fuß war es.«

Waren die Westdeutschen auch Weltmeister im Verdrängen? Solchen Vorwürfen hatte sich die junge Bundesrepublik zu stellen. Die deutsche Vergangenheit machte auch vor dem Fußball nicht halt.

Bernt Engelmann, damals Journalist des »Spiegel«, erinnert sich mit Unbehagen an deutschtümelnde Begleiterscheinungen des Fußballereignisses: »Dieses Wir-sind-wieder-wer-Gefühl ist durch den Sieg von Bern ungeheuer gestärkt worden. Leider zu sehr, wie ich fand. Das schrecklichste war der Schluß, als sie tatsächlich die erste Strophe des Deutschlandliedes anstimmten. Aber für viele war es wohl die Wiederherstellung ihres Selbstbewußtseins. Gestern, vorgestern hatten sie sich noch nach Ami-Kippen gebückt und waren die Geschlagenen, und nun waren sie halt wieder wer.«

Doch das gilt auch für Spielverderber. Für die Fußballer zählte damals der sportliche Sieg weit mehr als der finanzielle Gewinn. Es winkten weder Werbeverträge noch satte Prämien. Die Einnahmen, wie sie Fritz Walter vorrechnet, muten im Vergleich zum heutigen Millionengeschäft Fußball eher wie Trinkgelder an:

»Wir haben dreihundertzwanzig Mark verdient beim FC Kaiserslautern, wenn wir deutscher Meister wurden tausend, als Vizemeister fünfhundert. Als wir in die Schweiz gefahren sind, haben wir immer nur gelesen, wenn Ungarn Weltmeister wird, wenn Brasilien Weltmeister wird, wenn Uruguay Weltmeister wird – dann kriegen die Spieler vierzig-, fünfzig- oder sogar sechzigtausend Dollar. Und plötzlich war unsere Mannschaft im Endspiel. Aber da verlor keiner ein Wort über Geld. Nicht ein einziger unserer Spieler ist zu mir gekommen und hat 'ne Andeutung gemacht wie etwa: ›Fritz, sprich doch mal mit 'm Chef, frag doch mal, was wir kriegen.‹ Das war nicht der Fall: Kein Wort fiel zum Thema Geld.«

Fritz Walter hat während seiner Fußballerlaufbahn noch öfter der Verlockung der »baren Münze« widerstanden. Er blieb der Pfälzer Heimat treu und erlag nie der Versuchung, seinen 1. FC Kaiserslautern zu verlassen. Zu kurz gekommen ist er allerdings auch dort nicht.

Beliebt ist der »alte Fritz« bis heute, nicht nur wegen seines Könnens damals, sondern auch wegen seiner charakterlichen Eigenschaften. Für viele verkörpert er ein Stück der guten alten Zeit. Er erinnert an Gefühle, Werte und Ideale, die anscheinend selten geworden sind.

»Enthält Ihr Bild von damals eine Botschaft?«

»Der Chef hat immer gesagt: ›Männer, denkt daran, es ist so unheimlich schwer, nach ganz oben zu gelangen. Aber es ist noch viel, viel schwerer, ganz oben zu bleiben. Die wirklich Großen, ob im Fußball oder sonst im Leben, sind immer mit beiden Beinen auf dem Boden geblieben.‹«

Auch dieses Wort des »Chefs« hat für Fritz Walter bis heute Gültigkeit behalten. Gerade das Bild, auf dem er für einen Augenblick der Freude vom Boden abhebt, ist für ihn stets Erinnerung daran geblieben.

Der Sprung
in die Freiheit

Der Sprung in die Freiheit

Am liebsten wäre er Bauer geworden. In seiner neuen Heimat, in Kipfenberg in Bayern, ist dies nichts Ungewöhnliches. Dort ist man wie die anderen, oder man ist anders – so wie er.

Er heißt Conrad Schumann und arbeitet bei Audi. Berühmt geworden ist er durch ein Foto aus dem Jahr 1961: ein Sprung über den Stacheldraht.

Das Foto hängt bei ihm im Schlafzimmer. »Wenn wir abends so zusammenliegen, schaut er es oft an«, sagt seine Ehefrau.

»Sind Sie stolz darauf, Herr Schumann?«

»Ja, das bin ich.«

»Stolz auf Ihren Mut von damals oder auf das Foto selbst? Es ist ja ein Stück Zeitgeschichte.«

»Eigentlich auf beides. Mut hat es gebraucht. Meine Nerven waren zum Zerreißen gespannt. Ich hatte große Angst.«

Es geschah am 15. August 1961. Seit zwei Tagen blockierten Sperren die Sektorengrenze zwischen Ost- und West-Berlin. Der neunzehnjährige Volksarmist Conrad Schumann sollte am Stacheldraht Wache halten. »Die Staatsgrenze schützen« lautete seine Order. Doch er, der andere am Flüchten hindern sollte, floh selbst. Ein beherzter Satz über den Stacheldraht in kompletter Uniform mit umgehängter Maschinenpistole brachte ihn in die Freiheit und am nächsten Tag auf die Titelseiten der Weltpresse. Ein Fotograf hat den flüchtigen Moment eingefangen.

Das Bild geriet zur publizistischen Ikone, denn es offenbarte, wie absurd der Herrschaftsanspruch eines Staates war, der seine Menschen einmauern mußte, um zu überleben.

»Wenn Sie die Entscheidung noch einmal zu treffen hätten, würden Sie dann wieder springen?«

»Ja, zu jeder Zeit!«

Der Bau der Mauer ist das dunkelste Kapitel der deutschen Nachkriegstragödie. Überraschend kam er nicht. Seit dem Volksaufstand am 17. Juni 1953 war die Kluft zwischen Bürgern und Regime immer größer geworden. 1959 erreichte die Zahl der Flüchtlinge einen neuen Rekord. Fast einhundertfünfundvierzigtausend Menschen flohen in den Westen, und der Strom riß nicht ab. 1960 verließen weitere sechsundfünfzigtausend das Land; die meisten waren jünger als fünfundzwanzig Jahre.

Daß die DDR dem nicht mehr lange zusehen konnte, lag auf der Hand, obwohl Ulbricht auf die Frage, ob die Mauer kommen werde, dementierte: »Niemand hat die Absicht, eine Mauer zu errichten!«

Nachdem allein im Juli 1961 die Zahl der »Republikflüchtlinge« auf mehr als dreißigtausend gestiegen war, zog Ulbricht die Notbremse.

Der Handstreich auf Berlin begann an einem Sonntagmorgen, kurz vor zwei. Es war der 13. August. An der sechsundvierzig Kilometer langen Sektorengrenze fuhren Schützenpanzer auf. Unter ihrem Schutz machten sich Volkspolizei, Volksarmee, Bereitschaftspolizei und Betriebskampfgruppen ans Werk. Pflaster und Asphalt wurden aufgerissen und Stacheldrähte ausgerollt. Tagelang dauerten die Arbeiten an. An den Fernsehschirmen konnten die Deutschen im Westen sehen, wie Millionen ihrer Landsleute eingemauert wurden. Conrad Schumann gehörte zu denen, die dafür zu sorgen hatten, daß die Grenze dicht blieb.

»Wie wurden Sie auf den 13. August vorbereitet?«

»Wir waren zwei Wochen vorher auf Manöver, sind am 11. August in die Kaserne zurückgekommen und haben von den Vorgängen noch gar nichts gewußt. Doch dann wurde eine Ausgangssperre verhängt. Am 12. morgens war Waffenausgabe. Wir bekamen scharfe Munition, alles

Am Anfang war die Mauer noch ein Provisorium aus Stacheldraht und Betonpfeilern. Bald verstummte auch hier der innerdeutsche Dialog.

117

Zehntausende von Hohlblocksteinen wurden binnen weniger Tage aufgetürmt, um die Fluchtwege von Ost nach West endgültig zu versperren.

wurde feldmarschmäßig hergerichtet. Abends um zehn Uhr ist dann Alarm gegeben worden. Die ganze Kaserne mit all ihren Kompanien versammelte sich draußen im Hof. Die Vorgesetzten gaben Erklärungen ab, warum und weshalb wir ausrückten. Es hieß, die Grenze werde abgesperrt wegen Saboteuren.«

Solche Begründungen hörten Tausende, die im Auftrag der SED-Führung in jener Nacht an die Grenzen geschickt wurden. »Haben Sie das, was Ihnen da gesagt wurde, wirklich geglaubt?«

»Wir haben ja damals nichts anderes gewußt und nichts anderes erfahren. Wir haben es glauben müssen.«

Auch die Bevölkerung der DDR wurde von der SED-Propaganda auf die neue Lage eingestimmt. Die Nachrichtenagentur ADN meldete kurz nach ein Uhr, daß die Warschauer-Pakt-Staaten den Vorschlag unterbreitet hätten, »an der Westberliner Grenze eine solche Ordnung einzuführen, durch die der Wühltätigkeit gegen die Länder des sozialistischen Lagers zuverlässig der Weg verlegt« werde. Das klang zwar verschwommen, war aber deutlich gemeint. Die Maschinerie der SED-Vollzugsorgane rollte nun an. Für Schumanns Einheit hieß das konkret: Grenze dichtmachen, notfalls mit Gewalt.

»Auf dem Weg zum Einsatzort haben sich alle in unserem LKW gefragt, was jetzt wohl passiert. Unser Zugführer hat uns dann aufgeklärt, daß die Grenze schon abgeriegelt sei. Die Pioniere hätten S-Rollen, also

Stacheldrahtrollen, gezogen. Dann sind wir zur Bernauer Straße gekommen. Ich hatte ein mulmiges Gefühl und hab' mich alles andere als wohl in meiner Haut gefühlt.«

Vielen der jungen Soldaten und Polizisten mag es in dieser Nacht ähnlich ergangen sein. »Gab es denn damals schon den Schießbefehl?«

»Einen Schießbefehl gab es nicht direkt, aber indirekt. Wir haben scharfe Munition gehabt und waren gehalten, wenn es Fluchtversuche gab, zu schießen. Und es ist auch in der Nacht schon geschossen worden.«

»Hätten auch Sie notfalls abgedrückt?«

Schumann zuckt mit den Schultern: »Ob ich geschossen hätte oder nicht, das ist jetzt schwer zu sagen. Wenn ich es nicht getan hätte, wäre es Verweigerung des Gehorsams gewesen.«

Für die Bürger in Ost- und West-Berlin gab es am Morgen des 13. August ein böses Erwachen. Die Errichtung der Grenzsperren war nur eine von vielen Zwangsmaßnahmen, die das SED-Regime verhängte. Der S- und U-Bahn-Verkehr zwischen beiden Teilen der Stadt wurde unterbrochen. Zwischen West- und Ost-Berlin blieben nur dreizehn Übergänge geöffnet. DDR-Bürgern wurde verboten, weiterhin in West-Berlin zu arbeiten, nur mit besonderer Genehmigung durfte die Sektorengrenze passiert werden.

Die Berliner waren empört. Das Maß war voll. Auf beiden Seiten brach ein Sturm der Entrüstung los. Mancher Vopo geriet in Bedrängnis.

»Wie sah es denn in der Bernauer Straße aus – auf Ihrer Seite?«

»Gerade in unserem Abschnitt wurde schwer demonstriert. Das waren regelrechte Menschenaufläufe von Zigtausenden. Die Bereitschaftspolizei rückte an, dann die Armee und dann auch noch die Sowjets mit Panzern. Einige der Leute hofften wohl zunächst, die Absperrungen durchbrechen zu können, aber sie wußten ja auch, daß wir scharfe Munition hatten.«

Über Nacht wurden Freunde und Familien getrennt. Der Eiserne Vorhang war nun auch in Berlin brutale Wirklichkeit. Die Menschen traf die Spaltung ihrer Stadt wie ein Faustschlag.

Auch im Westen machte sich Empörung Luft – vergeblich. Worte allein konnten gegen Waffen nicht viel ausrichten, jedenfalls nicht damals.

»Die Westberliner hatten von der Aktion in der Nacht nur wenig mitbekommen. Bis die Leute merkten, was geschah, war es fast schon Mittag. Aber dann kamen viele. Sie waren geschockt, erbost und haben geschimpft, was uns denn einfalle. Wir sind zwei Tage lang beschimpft worden, mit Worten, die ich gar nicht wiederholen kann. Obwohl wir ja wirklich nichts dafür konnten, wir haben doch nur unsere Pflicht getan und unseren Dienst verrichtet.«

So spricht keiner, der seine Flucht von langer Hand geplant hat. »Ich war zur damaligen Zeit noch überzeugter DDR-Bürger. Ich war mit dem, was da gemacht worden ist, bis dato einverstanden.«

»Und hat sich das geändert, als Sie an der Absperrung standen und die vielen verzweifelten Menschen sahen?«

»Ich habe Scham empfunden, immer mehr Scham – wie gesagt: Bis zum damaligen Zeitpunkt war man von diesem System ja noch begeistert. Doch ab dann ist in mir irgend etwas vorgegangen. Da hat es dann im Kopf angefangen zu arbeiten: Warum passiert das? Wie soll das weitergehen?«

In den Tagen nach dem 13. August war die Sektorengrenze Schauplatz erschütternder Szenen. Es gab Flüchtende, die im Stacheldraht hängenblieben, zurückgezerrt und geprügelt wurden; andere, die aus dem Fenster sprangen, um in die Freiheit zu gelangen, und beim Aufprall auf der Straße zerschmettert wurden. Auf beiden Seiten standen Menschen mit verheulten Gesichtern, die verzweifelt versuchten, Familienangehörigen »drüben« etwas zuzurufen.

Empörung schlug um in Ohnmacht und Ratlosigkeit. Die Regierenden im Westen reagierten verhalten. »Es ist das Gebot der Stunde, in Festigkeit, aber auch in Ruhe der Herausforderung des Ostens zu begegnen«, mahnte Kanzler Adenauer. Auch die Westmächte blieben passiv. Sie schickten, wie üblich, Protestnoten. Dies mochte diplomatisch sein, doch den Menschen in Berlin war das zuwenig.

Jenseits der großen Politik gab es in diesen Tagen Tausende persönlicher Tragödien. Conrad Schumann sah das. Ein Augenblick ging ihm besonders nahe. Es sollte sein »Schlüsselerlebnis« werden.

»Da war ein kleines Mädchen, vier oder fünf Jahre alt, es kam von seinen Großeltern in Ost-Berlin, und die Eltern standen auf der Westberliner Seite. Das kleine Mädchen wollte zu seinen Eltern. Aber es durfte nicht gehen. Es ist von DDR-Offizieren im Osten zurückgehalten worden. Das war mein schlimmstes Erlebnis an der Grenze.«

Während Schumann das erzählt, kommen ihm die Tränen. »Fiel da die Entscheidung, selbst zu fliehen?«

»Ja, dann ist der Entschluß gereift, daß ich diesen Staat verlasse. Ich wollte das nicht mehr mitmachen. Ich wollte nicht auf Menschen schießen und auch selbst nicht eingesperrt sein. Außerdem hat mich auch noch was anderes aufgebracht, sehr aufgebracht. Es geschah in der Nacht vom 14. auf den 15. August, als ich auf Posten war. Da kamen sechs Jugendliche, sie randalierten und wollten uns provozieren. Ich habe darauf den Befehl gegeben, das Überfallkommando anzurufen. Und dann sind Polizisten mit Gummiknüppeln auf die sechs jungen Leute los. Und was machen die? Die langen in die Tasche und ziehen einen Ausweis raus: Staatssicherheitsdienst. Sie wollten uns also nur auf die Probe stellen. Das hat mein Vertrauen endgültig erschüttert. Das Bild, das ich mir von der DDR gemacht hatte, ist in diesen Tagen immer mehr kaputtgegangen.«

Rechts: Der Sprung aus dem Fenster als letzter Ausweg in die Freiheit. Westberliner Feuerwehrmänner leisten mit dem Sprungtuch Fluchthilfe.

Jetzt drängte die Zeit. Der Stacheldraht war nur ein Provisorium. Schon rollten LKW an, die Platten für den Bau der Mauer brachten. Es galt, sich zu entschließen und die Flucht vorzubereiten.

»Ich hab' zuerst meine scharfe Munition gegen ein leeres Magazin ausgetauscht, meine Waffe war also nicht mehr schußbereit. Meine Kameraden haben das nicht bemerkt. Und da ich Unteroffizier war, hatte ich Befehlsgewalt und hab' den anderen zu verstehen gegeben, sie sollen hinten auf Posten bleiben und ich bleib' vorne direkt an der Grenze auf Wache. Es war ungefähr vierzehn Uhr. Ich hab' ziemlich nah am Stacheldraht gestanden, war aufgeregt, hab' ab und zu mal den Stacheldraht ein bißchen nach unten gedrückt, unbemerkt von den anderen.«

»Aber auf westlicher Seite hat man doch bemerkt, was Sie wollten?«

»Ja, ein junger Mann, der mich beobachtet hat, näherte sich dem Stacheldraht und fragte mich, ob ich fliehen wolle. Da hab' ich ja gesagt. Ein Polizist drüben hat ihn dann weggeholt. Und dann hat plötzlich ein Polizeiauto dagestanden, und Kameras wurden aufgebaut. Fotografen waren da und viele Menschen, wie sonst auch. Und so gegen sechzehn Uhr, da machte das Polizeiauto hinten die Türe auf – und dann hab' ich mir einen Ruck gegeben.«

»Und dann sind Sie gesprungen?«

»Der Sprung selbst ist an mir wie im Traum vorbeigegangen. Ich bin losgerannt, gesprungen, und dann schnell ins Auto rein. Dabei ist mir die Maschinenpistole runtergefallen. Aber, das ist so schnell gegangen – in drei, vier Sekunden war alles vorbei.«

Im Augenblick des Sprungs entstand ein Foto, das seitdem selbst Standardwerken der Geschichte als Titelblatt dient. Es ist Symbol geworden für die Perversion der Zeit.

Ein Westberliner Augenzeuge, der die Flucht vom Balkon aus beobachtete, erinnert sich an den Sprung:

»Ich wußte vorher schon irgendwie: Er wollte rüber. Er war ja vollkommen nervös gewesen. Und dann kam meine Tochter und sagte: ›Du, Papa, der will rüber!‹ Nun war ja damals hier Berufsverkehr, und es gab viele Neugierige. Und da haben wir es so gemacht: Ein Polizist hat sämtlichen Fotografen in der Nähe gesagt, auf Kommando sollen sie den Fotoapparat nehmen und knipsen. Und in dem Moment, wo sie die Fotoapparate hochgenommen haben, haben die da drüben sich umgedreht, die Volksarmisten und die Kampfgruppen. Und in diesem Augenblick ist er gesprungen. Rein in den Wagen, und gleich hier in die Straße. Ein Polizist hat die MP genommen, und dann sind sie durchgefahren bis zum Polizeirevier.«

Das also ist die Erklärung: Ein Trick hat Conrad Schumanns Flucht ermöglicht.

Dem Volksarmisten ging es nicht um Publicity, sondern um die Freiheit. Aber ob er wollte oder nicht, das Bild machte ihn zum Symbol.

Sein Sprung gab den Berlinern zumindest einen Funken Genugtuung angesichts der brutalen »Mauer-Politik« der SED. Ihnen blieb nur die Moral als Waffe. Es galt, die Öffentlichkeit gegen das Unrechtsregime zu mobilisieren. Und es gelang.

Doch für den jungen »Republikflüchtling« war es persönlich auch ein Sprung ins Ungewisse. Zunächst war da der Trennungsschmerz.

»Mein Leben hat sich vollkommen verändert: Geschwister, Eltern, Bekannte, Verwandte, Freunde habe ich zurückgelassen.«

»Und der lange Arm der Stasi?«

»Klar hab' ich mir Sorgen gemacht. Aber weil meine Eltern nichts wußten, war das für mich eine Beruhigung. Erst nach sechs Wochen ist jemand von der Stasi zu ihnen gekommen und hat nachgefragt. Aber niemand wußte etwas.«

Die Angst, daß die Stasi ihn selbst im Westen aufspüren und vielleicht entführen könnte, hat Conrad Schumann lange nicht losgelassen. Alpträume erinnerten ihn immer wieder an seine Flucht und ließen ihn nicht zur Ruhe kommen. Es war schwer für ihn, im Westen Fuß zu fassen. Seine Popularität nützte ihm wenig. Der Zeitungsruhm war flüchtig.

Was hilft ein legendärer Sprung in eine ungewisse Freiheit, wenn diese Freiheit schwerfällt?

Es begann schon bei der Arbeitssuche. Schumann war gelernter Schäfer, und das wollte er auch in der neuen Heimat bleiben. Doch hier waren die Bedingungen viel schwieriger. Das Arbeitsamt riet ihm ab. Der junge »Flüchtling« arbeitete eine Weile in der Krankenpflege. Als er da nicht mehr zurechtkam, wurde er Abfüller in einer Coca-Cola-Fabrik. Doch auch diese Wahl brachte ihm kein Glück. Überall das gleiche Problem:

»Die Mentalität der Menschen war ganz anders als bei uns zu Hause. Man hat mich wie einen Fremden behandelt und nicht akzeptiert. Wenn ich denen was von drüben erzählte, haben die das gar nicht wahrhaben wollen. Die erste Zeit war es nicht leicht, aber dann hab' ich ja meine Frau kennengelernt.«

Wer eine Bajuwarin backen müßte, sollte Gunda nehmen. Sie hat dem Ossi Schumann gutgetan:

»Ja, er ist nie so richtig anerkannt worden, so als Hereingekommener. Er hat Schweres hinter sich gebracht. Und in der ersten Zeit hatte er auch noch viele Alpträume von der Flucht. Er hatte Angst, daß sie ihn wieder holen.«

Beruflich gelang es ihm dann doch noch, Fuß zu fassen. Er bewarb sich bei Audi in Ingolstadt und wurde eingestellt. Seit zwanzig Jahren tut er dort seinen Job, Schichtdienst in der Fertigung, und ist zufrieden damit.

Probleme gab es mit dem Alkohol. Zwölf Jahre war er schwerer Trinker. »Ich mußte meine Angst betäuben.«

Heute ist er trocken.

»Fällt das schwer?«

»Mit Hilfe meiner Frau ist alles gutgegangen. Ohne sie hätte ich es nicht geschafft.«

»Hat Sie der freie Westen enttäuscht?«

»Nein, ich bin nicht enttäuscht. Ich habe meine Arbeit, ich verdiene Geld und habe ein schönes Zuhause. Was will ich mehr?«

Sein Ärger, seine Trauer sind längst vorbei. Warum sollte er seine Nachbarn provozieren?

»Wann haben Sie zum ersten Mal nach Ihrer Flucht wieder einen Ihrer Angehörigen gesehen?«

»Das war 1975, da durfte mein Vater ausreisen. Er hat einen guten Namen drüben gehabt, weil er ein guter Schäfer war und viele Preise gewann. Wenn er das nicht gewesen wäre, hätte er wahrscheinlich gar nicht ausreisen dürfen. Meine Mutter kam erst 1984 raus.«

Daß er fünf Jahre später wieder selbst in die DDR würde reisen können, hätte Schumann damals nicht für möglich gehalten. Der innerdeutsche Status quo schien bis ins kommende Jahrtausend festgeschrieben. Die Mauer galt als unüberwindlich, Hunderte von Menschen wurden Opfer des Schießbefehls. Ab und zu beteiligte sich Schumann an Protestaktionen. Er fühlte sich dazu verpflichtet.

»Ja, ich wollte den Menschen drüben helfen. Zum fünfundzwanzigsten Jahrestag des Mauerbaus zum Beispiel haben wir in Berlin am Checkpoint Charly eine Aktion gemacht. Wir haben eine Menschenkette gebildet. Und wir haben an Erich Honecker geschrieben.«

Mehr konnte Conrad Schumann nicht tun. Bis dann der Tag kam, der ganz Deutschland aufrüttelte, der 9. November 1989. Gunda erinnert sich:

»Wir waren zu Hause. Es war sehr aufregend. Es ist 'ne Nachbarin gekommen und hat gefragt: ›Schaut ihr Fernsehen? Die Mauer ist auf.‹ Wir haben uns sofort an unseren Apparat gesetzt und sind die ganze Nacht lang nicht mehr weggegangen. Mein Mann hat geweint, als er die Bilder aus Berlin sah. Am nächsten Tag klingelte von morgens bis abends das Telefon. Anrufer aus der ganzen Welt wollten wissen, wie er über die Öffnung der Mauer denkt.«

»Wie dachten Sie darüber?«

»Ich war total aufgewühlt, als ich das alles sah. Es war wie eine späte Genugtuung für mich und auch wie eine Erlösung. Ich hatte plötzlich keine Angst mehr.«

Schon wenige Tage nach dem Mauerfall fuhr Schumann in die alte Heimat. Mit Freunden und Verwandten feierte er ein fröhliches Wiedersehen.

»Ich hab' das gar nicht richtig begriffen. Daß man frei rüberfahren kann, daß keine Grenze mehr da ist und daß man zu Hause ein und aus gehen kann, ohne daß man Angst haben muß vor der Stasi. Das hat mich sehr, sehr glücklich gemacht.«

Doch zurückkehren, das will er nicht. Seine Heimat ist im Westen, dort will er bleiben. »Mein Foto«, meint er, »hat mir immer wieder Mut gemacht.«

Er hat ihn brauchen können. Mut im Alltag ist oft schwieriger, als über Stacheldraht zu springen.

Als wir vor seinem Haus »Auf Wiedersehen« sagen, bittet er uns, die Abschieds-Szene doch um Himmels willen nicht mit Kameras zu drehen. Er will für seine Nachbarn nicht der Prominente aus dem Osten sein.

Mit dem Fall der Mauer ist sie nicht beendet, die Geschichte Conrad Schumanns. Sie kommt erst dann zu einem guten Schluß, wenn es keine innere Mauer in den Köpfen und den Herzen um ihn gibt – wenn er nicht mehr der Ossi von drüben ist, sondern nur noch Conrad Schumann, Deutscher, wohnhaft in Bayern, geboren in Sachsen.

Das Playgirl

Das Playgirl

Der erste Eindruck: Die Gazetten lügen. Sie sieht nicht halb so wüst und verkommen aus, wie fast alle ihre journalistischen Besucher in den letzten Jahren geschrieben haben. Die Haare sind gefärbt, na und, die Haut ist straffer als bei mancher Schwester gleichen Alters, und die Stimme, ja, die Stimme ist so rauchig, wie es sich gehört bei einem Playgirl außer Diensten.

Der zweite Eindruck: Sie will dezent und unaufdringlich wirken. In ihrem Sweater und dem schwarzen Rock, die Beine züchtig Seit' an Seit' postiert, ist sie so sexy wie die Chefin eines Mädchenpensionats.

Der dritte Eindruck: Sie lebt ganz und gar in der Vergangenheit. Die Gegenwart ist langweilig, ja trist. Wenn sie in Fahrt kommt beim Erzählen, dann bei Themen, die vor drei Jahrzehnten aktuell gewesen sind. Lebendig wird da eine Zwischenzeit, als London noch nicht »swinging«, doch der Mief der spießig-steifen Fünfziger schon weggeblasen war. Walstatt ist die schwüle Halbwelt zwischen High-Society und Edelpuff.

Christine Keeler schlägt die Schlachten der Vergangenheit. Sie will ihr Bild in der Geschichte reinigen, da hat sie viel zu tun. »Jetzt rede ich die Wahrheit«, sagt sie. Hat sie bislang nur gelogen?

Eine Schneise durch den Dschungel der Gerüchte, Halbwahrheiten, Lügen? Aber bitte, suchen wir die Lichtung. Zunächst einmal das sichere Gelände:

Eines Morgens, es war 1959, stieg in der Victoria Station aus dem Liverpool-Expreß ein junges Mädchen: Christine Keeler, siebzehn, fest entschlossen, hier in London – und nur hier – ihr Glück zu machen.

Wer davon so besessen war wie sie, mußte erst einmal ganz unten anfangen. Sie landete in Murray's Kabarett in Mayfair, wo sie als Showgirl ihren makellosen Körper für zwölf Pfund die Woche auf der Bühne darbot – nackt und regungslos, denn ein bewegter Striptease war im prüden London damals untersagt.

Dort sah sie Stephen Ward, Arzt, Maler und Masseur – ein Hätschelkind der High-Society. Er nahm sie in sein Haus und trimmte sie, soweit das möglich war, auf Lady. Dann benutzte er das Girl als Lockvogel.

Stephen Ward war nebenbei Agent. Bis heute streiten sich die Geister, ob er »nur« Sympathisant des Kommunismus war, wie so mancher britische Intellektuelle, und deshalb die Sowjetunion zu unterstützen trachtete oder ob er gleichsam Doppelagent im Dienst des britischen Geheimdienstes MI5 gewesen ist. Das wird noch eine Rolle spielen.

Wir machen es kurz: 1963 gingen im Hause Ward zwei Männer ein und aus, die so verschieden waren wie Feuer und Wasser. Der Russe Jewgenij Iwanow, offiziell Militärattaché an der sowjetischen Botschaft, tatsächlich Spion; und der britische Heeresminister John Profumo, ein Upperclass-Mann erster Güte, Nato-Generalsekretär in spe.

Eines hatten die beiden Männer gemeinsam: Sie waren hemmungslos verknallt in die Lolita aus der britischen Provinz. Das Mädchen schlief mit beiden, und das war der Sündenfall. Er wurde aufgedeckt.

Wir halten es für ziemlich ausgeschlossen, daß Profumo mit der niedlichen Christine Dienstgeheimnisse geteilt hat. Das Liebesnest des damals einundzwanzigjährigen Modells war Umschlagplatz für glühende Gefühle, nicht für »top secrets«. Aber schon die bloße Möglichkeit genügte damals, auch in England – auf dem Höhepunkt des Kalten Kriegs der Supermächte – öffentliche und veröffentlichte Meinung außer Rand und Band zu bringen. Allein die Vorstellung, daß zwei hochsensible Körperteile, eines Nato-Ministers und eines Warschauer-Pakt-Spions, im Schoße ein und derselben Dame, wenn auch zu verschiedenen Zeiten, ein und aus gingen! War das Verrat? Wo kam die freie Welt hin, wenn sie das duldete?

Und so geschah, was zu geschehen hatte.

Profumo, der das Parlament belog, was man auf der Insel erst recht nicht darf, mußte schimpflich seinen Abschied nehmen. Der Sohn eines adeligen Millionärs wurde aus dem altehrwürdigen London Boodle's Club geworfen, aus dem Mauerwerk einer Londoner Kaserne wurde ein Grundstein entfernt, der seinen Namen trug. Wenn England ächtet, dann gründlich.

Sowjetspion Iwanow wurde schleunigst aus dem Verkehr gezogen. Er verschwand hinter dem Eisernen Vorhang.

Christine Keeler wurde in den Adelsstand der klassischen Konkubine erhoben. Von nun an galt sie als »die Keeler«.

Das Volk war entsetzt, die mit Profumo engbefreundete Queen entrüstet. Selbst eingefleischte Puritaner buchstabierten mit Genuß das Wort »Skandal«.

Und der markierte obendrein auch noch das Ende einer Ära. Denn obwohl der konservative Premierminister Harold McMillan auf dem Höhepunkt der »Bettkrise« noch fest versprochen hatte: »Dieses Mädchen stürzt mich nicht!«, tat es das doch. Ein paar Monate darauf wählten die noch konsternierten Briten ihre offenbar lasziven Tories ab und setzten Labour ein, mit Harold Wilson als Premierminister.

Der Skandal hatte sich inzwischen längst zur Staatsaffäre ausgeweitet.

Portionsweise kam auf, wer alles noch am sittenlosen Treiben rund um Stephen Ward beteiligt war. Der redliche McMillan wunderte sich öffentlich, daß selbst gewisse Mitglieder des Obersten Gerichtshofes an sexuellen Orgien teilgenommen hatten: »Also zwei, das mag noch angehen. Aber gleich acht, das kann ich einfach nicht glauben.«

Strafbar ist nicht, was passiert, sondern was rauskommt. Nach diesem Motto rächte sich die Upperclass am Übeltäter Stephen Ward. Christines Mentor kam vor Gericht. »Sie sind«, sagte ihm der Ankläger Mervyn Griffith-Jones im Londoner Schwurgericht Old Bailey ins Gesicht, »eine durch und durch schmierige Figur.«

Ein paar Prominente hatten das bis dahin völlig anders gesehen: Sir Winston Churchill, Paul Getty und Elizabeth Taylor ließen sich von Stephen Ward massieren, Prinz Philipp, Prinzessin Margaret, Lord Snowdon und Sophia Loren von dem Porträtmaler in Öl legen.

Doch weil der vielseitig Begabte, offenbar nicht ausgelastet, obendrein die bessere Gesellschaft dann und wann mit wohlgeformten Lustobjekten zu versorgen schien, zieh ihn die Anklage der »Zuhälterei«. Die Beweislast war erdrückend, denn auch Wards zweiter Schützling, Mandy Rice-Davis, damals mit Christine Keeler eng befreundet, nahm es mit der Zucht nicht arg genau.

Die Beschimpfungen des Anklägers nahm Ward noch zur Kenntnis, das Urteil schon nicht mehr. Am Ende der ersten Prozeßwoche beging er Selbstmord.

Stephen Ward ist nach wie vor die Schlüsselfigur des Falles Keeler. Und auch für sie ist er, nach drei Jahrzehnten noch, die alles überstrahlende Persönlichkeit. Ein Vater-Liebhaber, der sie geformt hat. Das sagt sie schon von sich aus, gleich am Anfang.

Wir treffen uns in einer Suite des Grosvenor-Victoria-Hotels. Christine will nicht, daß wir ihre Wohnung sehen. »Bei mir liegt alles rum«, erzählt sie, es sehe so aus, als hätte eine deutsche Bombe aus dem Zweiten Weltkrieg eingeschlagen, »und aufzuräumen habe ich keine Lust.«

Doch offenbar gibt es nicht viel, was aufzuräumen wäre. Besucher ihrer Londoner Sozialwohnung berichten von verwaschenen Fetzen an den Fenstern, überfüllten Aschenbechern, einem wackligen Holztisch und zwei Katzen, die den Rest des schäbigen Mobiliars verschrammen. Wenn das der Lohn der Sünde sein soll, mag es Puritaner freuen. Gelohnt hat sich das Dolce vita nicht.

»Mit Geld hab' ich nie Glück gehabt«, erklärt Christine, und das ist wohl auch der Grund dafür, daß sie die höchste Gage aller unserer »Bilderhelden« nimmt. Sie ist pleite, wieder mal. Wo ist das ganze Geld geblieben?

Damals, als sie jung und schön war, hat sie gut verdient. Eine Zeitung zahlte ihr für »Memoiren« rund zweihunderttausend Mark, ein Londoner Nachtclub überwies ihr fast ein Vierteljahr lang sechsundfünfzigtau-

send Mark pro Woche für die Conférence der Nightshow »Türkischer Honig«.

»Ich habe keine Pence davon gesehen. Meine Anwälte haben alles geschluckt.« (Ganz so schlimm wird's nicht gewesen sein.) »Doch ich kann mit Geld nicht umgehen.« (Das schon eher.)

Wir schauen uns das Foto an, das Christine Keeler berühmt gemacht hat – und den Stuhl, ganz nebenbei, zu einem Renner. Ist sie noch stolz darauf?

Sie wisse nicht einmal, sagt sie, wer das Foto aufgenommen hat. Und nicht einmal, wann ganz genau. »Es muß wohl 1963 gewesen sein, in diesem verrückten Jahr, als alles durcheinanderkam.«

So war das. Und stolz, so sagt sie, sei sie heute zwar auf ihren Körper, wie er damals war, und gewiß sei es ein gutes Foto, aber gar nicht stolz sei sie auf ihren Namen, auf »Christine Keeler«. Denn was aus diesem Namen in den letzten dreißig Jahren gemacht worden ist, das habe nichts mit ihr zu tun.

Womit aber dann? Man hat sie als Nutte bezeichnet, als Lügnerin, als Konkubine reicher Männer, als das beste Callgirl Londons. War sie das?

»Ich war kein Callgirl, sondern ein Showgirl. Das ist ein Riesenunterschied. Ich war, wenn Sie so wollen, ein ›Bodymodel‹.«

»Haben Sie jemals Geld für Sex genommen?«

»Ich sagte ja, ich war kein Callgirl«, weicht sie aus und glaubt es

Das Playgirl und ihr väterlicher Liebhaber. Christine Keeler auf dem Weg zum Verhör während der Ermittlungen gegen Stephen Ward (rechts).

offenkundig selbst, »ich war ein junges, unschuldiges Ding aus der Provinz. Aber drei Monate lang lebte ich mit Mandy zusammen und muß sagen: Mandy war ein Callgirl. Ich ging ein paarmal mit ihr aus, da haben wir uns bezahlen lassen, aber das war nur in dieser Zeit mit Mandy. Stephen wußte nichts davon. Ich habe damals meine sexuellen Möglichkeiten ausprobiert«, und jetzt wird ihre Stimme, wir verhören uns nicht, tatsächlich rauchig, »meine Macht über Männer, ich habe meinen Körper ausgespielt – aber ich war nie ein Callgirl. Mandy war eines.«

Mandy also – der will sie immer noch mal gern eins auswischen. Die frühere Freundin hatte die gleichen Startchancen wie sie gehabt. Beide Mädchen traten auf in Murray's Kabarett, beide waren Schutzbefohlene von Stephen Ward – doch Mandy hat, im Gegensatz zur Keeler, ihre Chancen optimal genutzt. Als Christine im Gefängnis saß, verkaufte Mandy ihr Wissen über die Profumo-Affäre teuer an britische Boulevardblätter. Seitdem sind die Damen über Kreuz, denn Mandys Version unterschied sich wesentlich von der Christines. Dann heiratete Mandy einen wohlhabenden Mann, dann noch einen und noch einen, und heute ist sie, hony soit qui mal y pense, Angetraute eines Millionärs in Florida. Wenn wir Christine Glauben schenken, hat die frühere Freundin ihre ersten beiden Männer unter die Erde gebracht, und ihr jetziger Mann trinkt schwer, aus Kummer über seine Ehe.

Doch israelische Bekannte schildern Mandy (die u. a. einmal mit einem Ex-Steward der stets gefährdeten El Al verheiratet war und mit ihm in Jerusalem und Tel Aviv eine Restaurant- und Nightclubkette betrieb) als höchst sympathisch, freundlich, offen und ehrlich. Wer hat also recht? Wir weigern uns, hier eine Wahl zu treffen.

Und Stephen Ward? Der, sagt Christine, hat aus ihr erst was gemacht. Mit ihm hat sie vier Jahre lang gelebt. Er hat sie erzogen und geliebt. Ward sei ein Kommunist gewesen, ein Spion, der sie wohl benutzt habe. Doch andererseits: »Er war die Autorität in meinem Leben.« Sie habe Stephens Ansichten geteilt, weil sie ihn liebte. Er haßte, sagt sie, die Amerikaner, weil sie nach Deutschland einmarschiert seien und dort »die Macht übernommen« hätten. Spätestens jetzt erweist sich, daß die junge Christine da etwas durcheinandergeworfen hat, was bis heute nachwirkt. Denn Stephen Wards politisches Credo war in keiner Weise progermanisch oder antiamerikanisch, sondern allenfalls prorussisch – falls er wirklich kein Agent des MI5 gewesen ist.

Nein, Iwanow appellierte vielmehr an Ward, daß die Deutschen (West) niemals Zugang zu Atomwaffen erhalten sollten, weil alte Alliierte bitte nie die bitteren Lehren zweier Weltkriege vergessen mögen. In Wirklichkeit wollte er wissen, wie viele nukleare Sprengköpfe für Pershing-Raketen die USA in Deutschland stationierten. Ward versprach ihm, die Informationen zu liefern. Und er hielt sein Wort (oder waren es nur vorgetäuschte Informationen?).

Darüber pro und contra zu befinden kommt uns hier nicht zu. Sicher ist: Im Hause Ward ging der Marineattaché der Sowjetbotschaft, Flottenkapitän Jewgenij Iwanow, ein und aus – vor allem während der Kuba-Krise 1962. Hauptberuflich war Iwanow ein sowjetischer Geheimdienstmann – nicht des KGB, sondern des ein bißchen feineren GPU.

Wer benutzte wen? Iwanow den gleichgesinnten Ward als Informanten über die privaten und politischen Interna der britischen High-Society bis hin zu militärischen Geheimnissen oder Ward im MI5-Auftrag den Polterer Iwanow, um Halbwahrheiten Richtung Kreml zu lancieren?

Sicher ist: Christine diente beiden Liebhabern als Postillon d'amour. Wenn Ward etwas Vertrauliches an Iwanow zu senden hatte, dann brachte Christine einen Brief zur Sowjetbotschaft.

»Hatten Sie mit Iwanow ein festes Verhältnis?«

»Fragen Sie ihn doch selbst«, erwidert sie abweisend.

Das haben wir getan. Der Sündenfall geschah am 8. Juli 1961, fünf Wochen vor dem Bau der Mauer zu Berlin, als der damalige Heeresminister John Profumo als Gast des Lord Astor einen abendlichen Rundgang über dessen Grundbesitz in Cliveden machte und dabei einer nackten Schönen namens Christine Keeler im Swimmingpool des hohen Herrn ansichtig wurde. Jetzt verdichtet sich die Sache.

Was geschah? Wir sind dank Glasnost selig in der glücklichen Lage, den mittlerweile pensionierten Ex-Spion Iwanow aus dem Moskauer

Nach mehreren Jahren ehrenamtlicher Sozialarbeit in den Londoner Slums von der Königin rehabilitiert: Ex-Kriegsminister John Profumo.

133

Verschluß ans Licht der freien Welt geschafft zu haben. Lassen wir ihn also seine Version erzählen: »Am nächsten Tag, es war ein Sonntag, war ich auch bei den Astors. Da sah ich Jack Profumo, der seine Augen einfach nicht mehr von Christine lösen konnte, obwohl seine Frau bei ihm war. Profumo schwamm mit Christine im Pool und drückte ihr von Zeit zu Zeit die Hand. Mit einem Wort: Er flirtete ganz ungeniert mit ihr. Dann nahm er Christine im Wasser auf die Schultern, und sie machten Reiterspiele gegen ein anderes Paar. Ich wollte gerade gehen, da zog Stephen mich beiseite: ›Bitte nimm sie mit‹, flüsterte er mir zu, ›oder Jack wird seinen Kopf total verlieren, und seine Frau wird mir das anlasten, denn ich habe Christine hierhergebracht.‹ Gegen einen solchen hübschen Passagier hatte ich nichts einzuwenden, und so fuhr ich mit ihr nach London. Etwas überrascht bemerkte ich, daß sie ihre offenkundigen Verführungskünste auch an mir erprobte. Wie zufällig streifte ihre Hand die meine. Ich versuchte das zu ignorieren, aber es gelang mir nicht. Als wir in Wimpole Mews in der Wohnung Stephen Wards angekommen waren, fragte mich Christine geradezu klassisch: ›Wollen Sie noch eine Tasse Tee bei mir trinken?‹

Was dann geschah, war schon ein Teil der sogenannten Profumo-Affäre. Jahrzehntelang stand die Frage im Raum: Habe ich nun mit Christine geschlafen? Ich bekenne jetzt: Ja. Ich erlaubte es Christine, mich zu verführen. Dieses Teufelsweib konnte jeden verführen.«

Christine lacht nur, als ich ihr von Iwanows Bericht erzähle. Sie habe ihn zunächst in einer Kaffeebar getroffen, sagt sie, im Herbst des Jahres 1960, mit Stephen, dann wieder erst im Frühjahr '61. Jewgenij, sie nennt ihn »Eugene«, habe anfangs nicht sehr viel Notiz von ihr genommen. »Und ich auch nicht von ihm.«

»Aber dann kam diese Nacht?«

»Okay. Aber eigentlich hat er mich überhaupt nicht fasziniert. Er war zu alt für mich.«

Iwanow war damals gerade fünfunddreißig Jahre alt.

»Ich habe ihn, glaube ich, auch nicht besonders interessiert. Doch er wollte halt mit mir ins Bett gehen. Und er tat es. Es gab einen Kampf zwischen uns, er gewann und brach sich seinen Weg.« Das klingt fast literarisch. Wollen wir mal hören, wie sich Iwanow erinnert:

»Gott sei Dank waren die Möbel in Wards Wohnung solide, sonst wäre das Mobiliar infolge unseres Liebesspiels beschädigt worden. Wir verschlangen einander wie zwei Tiere. In Sekundenschnelle schälte sich Christine aus ihren Kleidern. Sie sah sehr sexy aus, ihre Augen glänzten feucht, ihr Mund war leicht geöffnet, ihre makellose Haut reflektierte das Licht. Als ich sie ins Bett trug, war ich fasziniert von ihrer weißen Haut, der Schönheit ihrer Brüste, ihrer schlanken Taille, einfach unwiderstehlich. Sie hatten schon etwas Animalisches, ihre Hände, die jeden Zentimeter meines Körpers streichelten. Sie benahm sich so wie eine Katze, die Begierde weckt, aber niemandem gehört. Als sie meine ungestümen Bewegungen erwiderte, gab sie mir das Gefühl, die ganze Welt sei ausgeschlossen, und jetzt existierte nur noch mein Begehren. Für einen Augenblick vermeinte ich zu spüren, daß es kein Danach mehr geben könne, nur dieses Zimmer, dieses Bett, diese Nacht und diese Frau, eine Geliebte, die meiner Kraft und Stärke ebenbürtig war. Sie erwiderte jede Bewegung, während sie laut stöhnend die Augen verdrehte. Sie gab mir das Gefühl, ich sei ein König, der sie beherrscht.«

Und so fort. Noch Fragen?

Christine ist entrüstet: »Ich habe ihn niemals verführt. Wenn er das behauptet, dann ist das lächerlich. Es war ihr eigener Plan, daß er mich verführen sollte, und er tat es.«

Wer ist »ihr«? Sie tut so, als sei die Nacht von Wimpole Mews ein Einfall Wards und Iwanows gewesen. Wir wollen es nicht ganz ausschließen, denn mittlerweile gibt es noch eine andere Version dieses historischen Meetings. Sie stammt vom Londoner Geheimdienstexperten Nigel West. Danach hatte sich der britische Geheimdienst MI5 durch seinen Agenten Woods am 8. Juni 1961 mit der Bitte an Wards gewandt, Iwanow in eine »kompromittierende Situation« mit Christine Keeler zu bringen. Die MI5ler wollten Iwanow unter Druck setzen, um ihn zum Überlaufen zu bewegen. Im offiziellen Profumo-Bericht des Lordrichters Denning hatte es noch geheißen, Woods sei lediglich bei Ward erschienen, um ihn vor Kontakten mit Iwanow zu warnen. Das Rätsel lösen könnte nur der britische Geheimdienst MI5, doch der schweigt. Er hatte auch geschwiegen, als Ward wegen »Zuhälterei« vor Gericht stand. Und Denning hat verfügt, daß die Akten des Falles Keeler nicht nach der üblichen 30-Jahre-Sperrfrist 1994, sondern erst nach fünfzig Jahren, also 2014, veröffentlicht werden dürfen. Opfer britischer Heuchelei sind doppelt tot.

»Fühlen Sie sich auch als Opfer, Christine?«

»Ja, aber nicht als Opfer britischer Heuchelei, sondern als Opfer des Kalten Krieges. Ich war immer Opfer: erst von Ward, dann von Iwanow, dann von Profumo.«

Ach ja, Profumo. Der Minister hatte schon am Montag nach der Party bei Lord Astor bei ihr angerufen. Iwanow war ganz schnell »out«. Was war schon ein lumpiger Marineattaché gegen einen leibhaftigen Minister? Damals war ein Minister noch etwas, vor allem ein britischer.

»Gab es in der Beziehung zu Profumo außer Sex noch andere Themen?«

Sie lacht. Fast nur, erklärt sie. Denn wenn schon Iwanow viel zu alt für sie gewesen sei, dann doch Profumo, und das sei wohl einzusehen, noch mehr. Geliebt habe sie ihn nicht. Trotzdem, er sei ein »guter Typ« gewesen: »Happy-go-lucky« – und ein cleverer Kerl dazu. Nach Dienstgeheimnissen habe sie ihn nie gefragt, obschon Stephen sie dazu bewegen wollte. Doch sie habe widerstanden. Das mit dem Liebesdefizit hat sie auch schon mal unvermittelter geschildert. Im Jahre 1969 schrieb sie in dem Bilderblatt »News of the World«:

»Er war so vornehm und so gut auf seine Art. Ich hätte ihn sehr lieben können. Er war das dritte Mal bei mir, als plötzlich diese mächtige elektrisierende Stille über uns kam... Damit fing alles an.«

Profumo hat den ganzen Kelch des Makels bis zur Neige ausgetrunken. Als die Affäre aufflog, versuchte der Minister noch, die Sache zu vertuschen. Am 22. März 1963 erklärte er dem Unterhaus, er habe niemals irgendwelche, schon gar nicht sexuelle Beziehungen zu Christine Keeler gepflegt.

Profumo ließ Christine nach Spanien ausfliegen und dachte, es werde bald Gras über die Sache wachsen. Er und seine Freunde hofften, daß sie auch das Playgirl irgendwie zum Schweigen bewegen könnten – doch die Verlockungen des freien Marktes waren stärker.

Die Zeitungen bezahlten viele Pfunde für Christines Enthüllungen – und sie enthüllte das, was war, und auch noch ein bißchen das, was nicht war, oder das, was hätte sein können.

Am Ende war Profumo rufgemordet, und er konnte nur noch seinen Abschied nehmen.

Doch der Fortgang der Geschichte zeigt, aus welchem Holz der Mann geschnitzt war:

Das Playgirl von einst ist heute zum Sozialfall geworden. Von Männern hat sie die Nase voll.

Erstens hielt seine Frau, die frühere Schauspielerin Valerie Hobson, voll und ganz zu ihrem Mann. Das spricht für ihn.

Zweitens zog er sich völlig aus dem Londoner Partygetümmel zurück und trat, gleichsam als Sühne, eine unbezahlte Arbeit als Sozialhelfer an – für Krüppel und entlassene Strafgefangene. Viermal in der Woche fuhr er nun von seinem cremefarbenen Haus im vornehmen Londoner Regents Park per U-Bahn acht Stationen weiter, ins Armenviertel Whitechapel. Dort deckte er Eßtische und räumte schmutziges Geschirr in die Küche. Vor U-Bahn-Stationen klapperte er mit Sammelbüchsen, reiche Freunde bat er um Spenden zur Betreuung von Trinkern und Gestrauchelten. Drei Millionen Mark kamen so zusammen. 1968 endlich schien er rehabilitiert: Innenminister Callaghan berief ihn wieder in ein öffentliches Amt. Er wurde Aufsichtsrat der einzigen englischen psychiatrischen Haftanstalt in Grendon bei London.

So schließt sich der Kreis: Christine Keeler, die Gespielin der Society von einst, ist zum Sozialfall geworden; Jack Profumo, ihr Liebhaber, zum Sozialhelfer, um für den Rest seines Lebens ein paar sündige Stunden zu sühnen.

»Haben Sie Profumo in den letzten drei Jahrzehnten jemals wiedergesehen, Christine?«

»Nein, nie. Einmal, Anfang der siebziger Jahre, gab es einen tastenden Versuch. Ich war damals Mitglied eines Clubs in Soho, wo Profumos

Patensohn Klavier spielte. Eines Tages sagte er mir, Profumo würde sich freuen, mich wiederzusehen. Er hat es dann aber doch nicht riskiert.«

»Und wenn Sie ihn heute ganz zufällig treffen würden?«

»Ich glaube nicht, daß ihn die Erinnerung dann überwältigen würde. Und mich sowieso nicht.«

Mit Männern kommt sie heute nicht mehr klar, behauptet sie. Zwei Ehen sind geschieden. Nach der ersten Scheidung blieben ihr Sohn Seymour, dreitausend Pfund, zwei Pelzmäntel und etwas Schmuck. Heute hat sie nur noch Seymour.

1965 hatte sie sich in die Heirat mit einem Jugendfreund geflüchtet, einem Kfz-Mechaniker. Doch die Ehe hielt trotz der Geburt des Sohnes Seymour nur drei Jahre. Der Mechaniker hatte im Kollegenkreis zu sehr damit geprotzt, daß in seinem Bett zu Hause jeden Tag ein prominentes Callgirl liege.

Dem zweiten Mann, Direktor einer Metallwarenfabrik, lief sie nach achtzehn Monaten davon, »weil er ein Snob war«. Er habe ihre armen Freunde abgelehnt. Denn obwohl ihr Vorleben dagegen spreche, habe sie stets mehr arme als reiche Freunde gehabt.

Aber das Geld, das Geld, das hat sie doch immer geliebt?

»Ja, natürlich, weil ich nie genügend hatte. Wenn ich genügend Geld hätte, würde ich nicht hier sitzen, ich würde keine Memoiren schreiben müssen, weil ich das dann nicht nötig hätte.«

»Schreiben Sie nur Memoiren, weil Sie Geld brauchen?«

»Vor allem, ja. Aber ich tue es auch, um endlich die Wahrheit ans Tageslicht zu bringen.«

Ja, die Wahrheit. In dieser Sex-and-Crime-Geschichte hat sie niemand ausschließlich für sich gepachtet:

Nicht Stephen Ward, der schillernde Patron, der Christine als Botin mißbrauchte, wenn er seinem Freund Iwanow in der sowjetischen Botschaft eine Nachricht überbringen lassen wollte.

Nicht der MI5, der mehr weiß und tiefer in der Sache drinsteckt, als es für sein Ansehen gut sein kann.

Nicht Profumo, der zwar nur am Anfang zweimal log und dann nicht mehr – aber das bleibt haften.

Nicht der alte Ex-Spion Iwanow, der in einer armseligen Moskauer Etagenwohnung sitzt und hofft, daß ihm seine grellen Memoiren etwas Geld einbringen – denn gute Zigaretten aus dem Westen sind in Moskau teuer. Aus dem Verkehr – in jeder Hinsicht – gezogene Ex-Spione mit vormals hohen Spesenkonten haben es heute doppelt schwer im armen Rußland, das von seinen früheren Geheimdienstleuten nichts mehr wissen will. Was bleibt ihm anderes übrig, als dem Affen Wahrheit etwas Zuckerguß zu geben?

Nicht Lordrichter Denning, der dafür gesorgt hat, daß die bekannten Schuldigen am Pranger standen, doch die prominenten Sünder nicht.

Und auch nicht Christine Keeler selber, die wegen Meineid im Gefängnis saß. Sie sagt natürlich, daß es nie ein Meineid war.

Wie kam es dazu?

Da gab es einen etwas ungestümen dunkelhäutigen Verehrer, den aus Jamaika stammenden Jazz-Sänger Aloysius »Lucky« Gordon, der überhaupt erst die ganze Keeler-Affäre ausgelöst hat. Gordon fühlte sich zur Hoch-Zeit von Profumo, Iwanow u. a. im sexuellen Abseits und krakeelte. Christine überspitzte dies vor Gericht zu einem »Mordversuch« – auch, um sich interessant zu machen. Doch das flog auf, und das Playgirl saß wegen Falschaussage sechs Monate in Old Bailey ab.

Heute hat sie die Erinnerung an die Affäre Gordon zum Scharnier der Affäre Profumo stilisiert. Gordon, sagt sie, habe sie im Auftrag von Ward und Iwanow umbringen wollen, um mit ihr eine lästige Mitwisserin auszuschalten, weil der MI5 den beiden auf der Spur gewesen sei. O Christine. Das will sie jetzt auch noch schreiben.

Bei ihren Briten ist sie unten durch. Als sie einmal in einer TV-Talk-Show aufkreuzte, gab es noch während der Sendung wütende Proteste. Zornige Zuschauerinnen beschwerten sich über das Erscheinen »dieses Dreckstücks«.

Doch wenn sie heute aus dem Haus geht, wird sie »Gott sei Dank nicht mehr erkannt«. Aber sie geht selten aus: »Ich hab' nichts anzuziehen.«

Das klingt komisch. Denn zum Symbol ist sie geworden, weil sie nicht viel anzuziehen brauchte.

Ob ein Profumo-Skandal auch heute noch die gleichen Wellen schlagen würde wie damals?

Wohl kaum, meint Christine, da sei man doch inzwischen Schlimmeres gewöhnt in Großbritannien. »Vielleicht würde Jack seinen Posten heute behalten können.«

Was tut sie gegen die Erinnerung, wenn diese schmerzt? »Es gab ein Alkoholproblem. Gibt es das noch?«

»Die Journalisten haben immer geschrieben, ich sei eine Säuferin. Es stimmt: Ich habe früher alle Vierteljahre einmal eine Flasche Whiskey ausgetrunken, um zu vergessen, daß ich nicht mehr jung und hübsch war.« Aber jetzt, jetzt trinke sie nicht mehr, sagt sie und hebt die Hand wie zum Schwur. »Jetzt macht es mir nichts mehr aus, daß ich alt und häßlich bin.«

»Aber bin ich das wirklich?« fragt sie kokett. »Oder würde ich noch einen Mann kriegen, wenn ich wollte?«

»Wollen Sie das denn, Christine?«

»Nein, das ist es ja«, erklärt das Playgirl außer Diensten. »Von Männern habe ich komplett die Nase voll.« Nur für Sohn Seymour lebe sie, für ihn und nur für ihn benötige sie »Geld, Geld, Geld«. Sie will ihn, wenn er mal soweit ist, auf die elitäre Bildungsstätte Oxford schicken.

Er soll so werden wie die, deren Gespielin sie einmal war.

Der Todesschuß

Der Todesschuß

Die einzigen in Dallas, die die Sache mit den Morden fest im Griff zu haben scheinen, sind die farbigen Touristenführer.

Ob du zur Dealey Plaza gehst, wo der Präsident erschossen wurde, oder in den Keller des Gerichts- und Polizeigebäudes, wo der Barbesitzer Rubinstein (»Jack Ruby«) den mutmaßlichen Kennedy-Killer Lee Harvey Oswald umbrachte – schon beim ersten Stop wirst du von furchtbar netten Farbigen umzingelt, die verschwörerisch verheißen, für fünf Bucks die Wahrheit über das, »what really happened«, preiszugeben – exklusiv nur DIR natürlich.

Warum Touristenführer? Die Attraktivität von Dallas rührt nicht von der Fernsehserie, die mit einem Achselzucken kommentiert wird. Aber um zwei überaus verrufene Plätze hat sich ein besonderer Tourismus breitgemacht – ein Mord(s)-Tourismus.

Da gibt es im bewußten sechsten Stock des früheren Texas-Schulbuch-Lagerhauses, wo der arme Irre Oswald stand und schoß (oder auch nicht), eine fabelhafte Multimediashow, die den Mythos von der Lichtgestalt des 20. Jahrhunderts, Kennedy auf Camelot, nach Kräften nährt. Ein Biozirkus rund um J. F. K. mit allen Schikanen: Plakaten, Fotos, Filmen, Tonbändern und – Höhepunkt der Szenerie –: der originale Eckraum, aus dem, zwischen hochgetürmten Buchkartons, der mutmaßliche Attentäter auf den Präsidenten zielte (angeblich gezielt hat).

Ob er im Falle seiner Täterschaft tatsächlich der einzige gewesen ist oder nur den Sündenbock zu spielen hatte für die eigentlichen Mörder hinterm Zaun – dem versuchen Jahr für Jahr immer neue Rechercheure auf die Spur zu kommen. Nicht ohne Teilerfolge: Denn wenn es wahr ist, daß der tödliche Schuß den Präsidenten von vorne getroffen hat, dann war Lee Harvey Oswald nicht der einzige Schütze.

Eine Nation, die sich im Kern für gut hält, läßt nicht locker im Bestreben, die lautere und reine Wahrheit über ihre dunklen Seiten zu ergründen, wenn es sie denn gibt.

Der Traum von einer guten und gerechten Welt, verkörpert in Amerika, wenn es nur will, ist noch nicht ausgeträumt.

Die komplizierte nationale Seelenlage komplettieren regional höchst unterschiedlich ausgeprägte Formen des schlechten Gewissens in Sachen

J. F. K. – und Dallas hat ein ganz besonders schlechtes. Wohl deshalb ist die schaurige Museumsshow im sechsten Stock mit öffentlichen und privaten Geldern bestens ausgestattet worden. Wer oben steht und auf den Platz schaut, dem verschwimmen Wirklichkeit und Darstellung. Dort unten, auf dem Straßenring, ist es geschehen.

Was davon im Gedächtnis haftenbleibt, ist allerdings kein Foto, sondern nur ein Film. Der ist präzise, aber auch in Zeitlupe noch flüchtig. Er zeigt, wie Kennedy zusammenzuckt, wie Jackie sich zu ihm hinüberbeugt, wie die Menschen auf den Wiesen fassungslos zusehen müssen, daß ihr Präsident zusammengeschossen wird.

Doch es gibt ein Foto, das sich ins Gedächtnis brennt. Zwei Tage später wurde Lee Harvey Oswald im Keller des Polizeigebäudes von zwei Kriminalbeamten eskortiert, um ins Kreisgefängnis überführt zu werden. Da sprang Jack Ruby vor und schoß ihn nieder. Mit einem Aufschrei, die gefesselten Hände an den getroffenen Leib gepreßt, brach Oswald zusammen.

Das Bild des Fotografen Bob Jackson wurde zu einem der meistveröffentlichten Fotos überhaupt.

Dallas, 2. November 1963. Todesschüsse auf John F. Kennedy, die niemand vergißt.

Es zeigt Jack Ruby halb von hinten, im Moment des Schusses; es zeigt Lee Harvey Oswald, wie zur Abwehr abgewandt, den linken Arm zum Schutz halb hochgerissen, das Gesicht im ersten Schmerz verzerrt.

Und es zeigt im hellen Anzug und mit Stetson, links im Bild, den Chief-Detective Jim Leavelle, der für Oswalds Schutz verantwortlich war und ihn mit Handschellen an sich gefesselt hatte. Auch sein Gesicht ist überrascht, verzerrt – und wohl ein bißchen ängstlich.

Von den drei Hauptpersonen dieses Fotos ist J. R. Leavelle als einziger am Leben. Oswald starb noch am Tatort, Ruby 1967 an Krebs.

»Darf ein Polizist auch Angst haben?« frage ich den pensionierten Augenzeugen, der in einem Reihenhaus am Rand von Dallas lebt. Jack Ruby hätte ja auch ihn treffen können.

Ein Texaner kann sich so etwas natürlich überhaupt nicht zugestehen. »Wie kommen Sie denn darauf?« fragt er irritiert zurück. »Schließlich hab' ich über dreißig Jahre Diensterfahrung. Außerdem darf man in einer solchen Situation nicht denken – wenn Sie denken, sind Sie schon verloren.«

Das ist keine Antwort und doch eine. Chief-Detective Leavelle, ein knochentrockener Kerl, hält überhaupt nichts von Verschwörungstheorien, die ihm allesamt ein Greuel sind, weil »zu mysteriös« sind. Denn: »Ich habe Oswald persönlich vernommen. Mir hat er gestanden, daß er den Präsidenten alleine erschossen hat.«

Als Beweis ist das noch nicht ganz ausreichend. Doch Jim Leavelle glaubt unverrückbar fest an seine Sicht der Dinge.

Wie es sich für einen pensionierten Staatsbeamten auch gehört, deckt sie sich fast völlig mit den Folgerungen der von Präsident Johnson eingesetzten Warren-Kommission. Diese hatte folgendes ermittelt:

»Ruby betrat das Kellergeschoß des Polizeipräsidiums von Dallas kurz nach 11.17 Uhr vormittags und tötete Lee Harvey Oswald um 11.21 Uhr.

Obwohl sich nicht schlüssig rekonstruieren läßt, auf welche Weise Ruby sich Zutritt verschaffte, deutet die Gesamtheit der Belege darauf hin, daß Ruby die Rampe benützte, die von der Main Street in das Kellergeschoß des Polizeigebäudes führt.

Es gibt keinen Beweis, der das Gerücht bestätigt, Ruby sei bei der Ermordung Oswalds von der Polizei in Dallas unterstützt worden.

Die Entscheidung der Polizei von Dallas, Oswald in aller Öffentlichkeit in das Kreisgefängnis zu überführen, war unklug. Und die Vorkehrungen, die sie am Sonntagmorgen, nur wenige Stunden vor der geplanten Überführung, traf, waren unzulänglich. Von entscheidender Bedeutung ist die Tatsache, daß Journalisten der Zugang zum Kellergeschoß nicht verboten worden war, obwohl die Polizei von Morddrohungen gegen Oswald wußte. Diese Nachlässigkeiten haben zum Tode Lee Harvey Oswalds beigetragen.«

Der mutmaßliche Attentäter Lee Harvey Oswald nach seiner Verhaftung.

Dieses bemerkenswerte Dokument zeigt, daß die Warren-Kommission der Polizei von Dallas organisatorisch eine Vier-bis-Fünf gab, um ihr dann moralisch einen Freibrief ausstellen zu können. Doch es ist schon lange kein Geheimnis mehr, daß der Bericht der Kommission geschönt, wenn nicht getürkt ist. Zu viele ihrer Mitglieder (u. a. FBI-Chef Hoover und Ex-CIA-Chef Dulles) hatten ein verstärktes Interesse, daß die volle Wahrheit nicht ans Tageslicht befördert werden sollte, weil sie ihnen schaden konnte.

Jim sieht das natürlich völlig anders. Aber da wir hier nicht über pro und contra Warren-Kommission berichten, frage ich den alten Polizisten nach den Fakten, nach dem Gang von Oswalds Zelle bis zum Tatort in der Tiefgarage.

»Zunächst mal zu den Tatsachen. An diesem 24. November 1963 erhielten ich und mein Kollege L. C. Graves den Befehl, Oswald in das Kreisgefängnis zu überführen. Wir haben den Gefangenen zunächst aus seiner Zelle geholt und in das Büro von Captain Fritz im dritten Stock gebracht. Um 11.17 Uhr sagte Captain Fritz zu uns: ›Bringt ihn jetzt runter.‹ Wir fuhren mit dem Fahrstuhl in den Keller. An einer ganz bestimmten Stelle dort sollte ein unmarkiertes Auto für uns bereitstehen – tatsächlich stand es ein paar Meter weiter weg. Da unten wartete ein Haufen Journalisten. Wir gingen mittendurch, Graves und ich, Oswald zwischen uns, mit Handschellen gefesselt. Ich habe da noch einen dummen Scherz gemacht und sagte zu Oswald: ›Wenn dich hier jemand erschießen will, dann soll er doch genauso gut zielen wie du.‹ Oswald lächelte und sagte: ›Jetzt werden Sie aber melodramatisch. Niemand wird mich erschießen.‹ Die Scheinwerfer blendeten mich. Da sah ich aus den Augenwinkeln, wie jemand plötzlich aus der Menge sprang, sich duckte und auf einmal schoß. Ich versuchte zwar noch in Sekundenschnelle, Oswald wegzuziehen, aber dafür war es schon zu spät, die Kugel traf ihn in den Magen und verwundete ihn tödlich.«

»Wie war es möglich, daß Jack Ruby ungehindert das Präsidium betreten konnte? War das nicht ein sträfliches Versehen, ja Vergehen?«

»Das ist wirklich unverzeihlich. Wir hätten besser aufpassen müssen. Aber bitte denken Sie daran: Das waren die beiden größten Mordfälle in der Geschichte unserer Polizei von Dallas. Weder vorher noch nachher sind wir so gefordert worden.«

»Kann man sagen, daß die Polizei von Dallas eindeutig versagt hat?«

»So weit würde ich nicht gehen. Aber wir hätten unsere Sache sicher besser machen können. Den Kennedy-Mord konnten wir nicht verhindern. Aber die Erschießung von Lee Harvey Oswald hätten wir verhindern müssen.«

»Gilt das auch für Sie persönlich? Haben Sie das Gefühl, versagt zu haben?«

»Wenn einer diesen Mord verhindern konnte, dann ich. Wenn ich ein bißchen rascher reagiert hätte, dann hätte ich Jack Ruby seine Waffe weggeschlagen. Doch das Ganze passierte einfach viel zu schnell.«

Nun wird es Zeit, daß wir zum Kern der Sache kommen: War das Morddezernat der Polizei von Dallas in den Fall verstrickt? Das ist keine phantastische Konstruktion, sondern wird tatsächlich heftiger denn je diskutiert. Belege für diese These liegen auf der Hand. Die Beamten hatten ein Gewehr im fünften Stock des Texas-Schulbuch-Lagerhauses entdeckt und sofort verloren – ja, *verloren*. Sie hatten Oswald zwölf Stunden lang vernommen, ohne ein Wort des Verhörs mitzuschreiben. Sie hatten zugelassen, daß verschiedene Verdächtige, die bei der Dealey Plaza verhaftet worden waren, wieder freigelassen wurden, ohne daß man ihre Namen aufgeschrieben hätte. Sie hatten versäumt, ein Auto festzu-

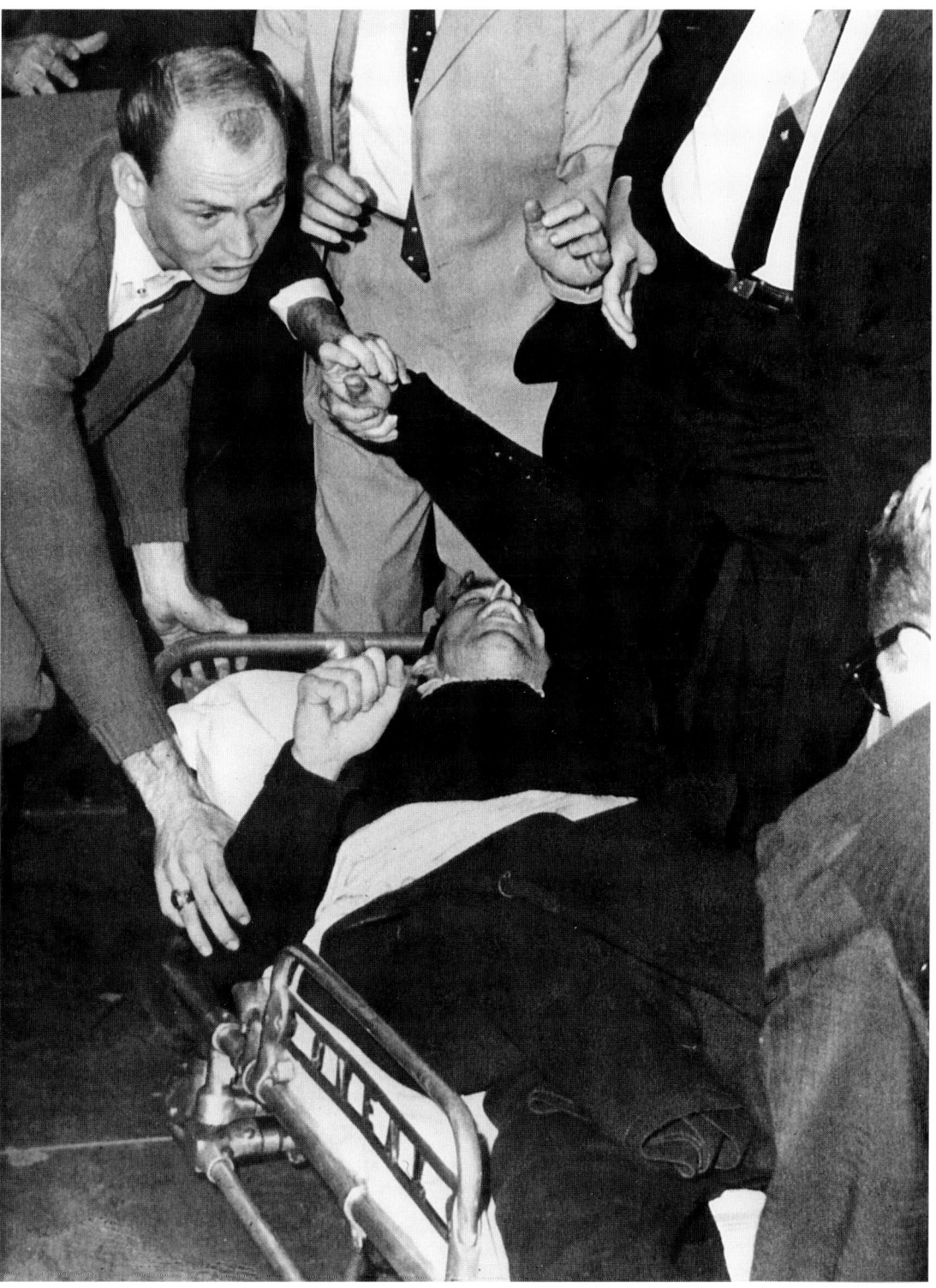

halten oder gar zu überprüfen, das Lee Harvey Oswald vom Schulbuch-lager wegbrachte. Sie hatten zugelassen, daß Oswald im Keller ihres eigenen Präsidiums ermordet wurde. Einem anonymen Anruf, der den Mord an Oswald angekündigt hatte, waren sie nicht mal nachgegangen. War das nur Unfähigkeit? Oder Begünstigung? Hat die Polizei von Dallas Beweise »frisiert« oder unterdrückt?

»Das ist nicht gerade eine ansehnliche Erfolgsbilanz«, gibt Leavelle, nicht ohne Fingertrommeln, zu. »Aber glauben Sie mir: Wir hatten mit der Sache nichts zu tun. Es geschieht ja doch nicht alle Tage, daß in Ihrer Stadt ein Präsident erschossen wird. Wir waren schließlich nur zu siebt. Und an diesem einen Wochenende schlug alles über uns zusammen.«

»Jim, Sie kennen selber Stimmen, die behaupten, daß die Polizei von Dallas Beweise gegen Oswald manipuliert hat. Die Wohlmeinenden zie-hen daraus den Schluß, das sei geschehen, um in einem Ausbruch von makabrem Patriotismus Oswald als bequemen Verdächtigen zu überfüh-ren. Die Kritiker behaupten, daß die Polizei bewußt so gehandelt hat, um die tatsächlichen Mörder zu schützen.«

»Ich kenne diese Theorien. Das ist alles Quatsch! Wie soll ich Ihnen das nach dreißig Jahren noch beweisen? Ich bin Pensionär und kann nur wiederholen, was ich immer wieder sage: ›Wir hatten nichts damit zu tun.‹«

Bei alledem entscheidend bleibt die Frage: Hat Lee Harvey Oswald, wenn überhaupt, alleine auf den Präsidenten geschossen? Oder tötete Jack Ruby nur den Sündenbock für andere?

Tatsache ist: Ein Nitrattest hat ergeben, daß an Oswalds Wange keine Spur von einem abgegebenen Schuß gefunden wurde. In Rechnung zu stellen sind auch seine miserablen Leistungen als Schütze bei der Marine und die schlechte Qualität des billigen Mannlicher-Carcano-Gewehrs, das er angeblich bei einem Versandhaus gekauft und bei dem Attentat benutzt hat (haben soll). War Oswald lediglich »hereingelegt« worden – wie er es in den beiden Tagen zwischen Festnahme und Tod immer wieder selbst behauptet hat?

»Mir hat er gesagt, daß er auf den Präsidenten geschossen hat. Über Dritte haben wir gar nicht erst gesprochen.«

Das Weltbild unseres Polizisten ist nicht zu erschüttern.

Bis heute aber halten es Schußwaffenexperten für völlig ausgeschlos-sen, daß selbst ein Meisterschütze (der Oswald nicht war) auf diese Entfernung mit einem Mannlicher-Carcano-Gewehr ein bewegliches Ziel dreimal oder gar viermal hätte treffen können, noch dazu in der bekannt kurzen Zeit.

Und Ruby? Er war, so meinte ein Staatsanwalt aus Dallas später, in der Stadt so benachteiligt, »wie man es nur sein konnte: Erstens war er Yankee; zweitens war er Jude; drittens war er im Nachtclub-Geschäft.«

Hatte Ruby nicht nachgewiesene Verbindungen zur Mafia? War die Mafia in den Mord an Kennedy nicht zumindest verstrickt? Und war diese Verstrickung nicht jahre-, ja jahrzehntelang vertuscht worden?

Mit solch unklaren Geschichten will der Chief-Detective nichts zu tun haben. Doch er kannte Ruby: »Er war ja stadtbekannt. Mitunter hatte ich rein polizeilich mit ihm zu tun, denn seine Etablissements, vor allem der Carousel-Club, hatten nicht den allerbesten Ruf. Aber als Privatmann war ich nie dort. Meine Frau hätte mir schön was erzählt.«

Doch eine ganze Reihe von Kollegen Jim Leavelles waren Stammgäste in Rubys Etablissement – wo sie freien Eintritt hatten und auf hochprozentige Getränke hochprozentige Nachlässe erhielten. Erklärt das auch die Tatsache, daß Ruby wenige Minuten vor dem Attentat ungehindert in das Polizeigebäude gehen konnte, einfach weil die Polizisten ihn dort kannten? Brauchte er nur »Hi« zu sagen, und schon war er drin?

»So kann's gewesen sein«, meint Leavelle. »Aber ganz genau ist dieser Tatbestand nie untersucht worden.«

Wir befinden uns in Texas. Und Leavelles Chef, mittlerweile tot, war offensichtlich ein besonderer Texaner.

»Jim, Ihr Polizeichef, Captain Fritz, hat nach dem Mord an Oswald schnell erklärt, damit seien die Ermittlungen über den Mord an Kennedy und die Strafverfolgung abgeschlossen. Schmeckt das nicht verdächtig nach der Sündenbockvariante? Man erklärt einen armen Irren rasch zum Killer, läßt ihn töten und verkündet, damit sei der ganze Fall erledigt?«

Leavelle schaut mich entgeistert an und zuckt die Schultern: »Ist das jetzt ein Verhör oder was? Dann sollten Sie noch ein paar Dollar drauflegen.«

Das aber können wir uns nicht mehr leisten. Leavelle fühlt sich ganz offenkundig wohler, wenn er unbestrittene Fakten schildern kann – so, wie er Ruby nach dem Mord an Oswald nahtlos dessen Handschellen anlegte und ihn flugs in eine Zelle schaffte, pikanterweise Oswalds Zelle. »Haben Sie mit Ruby damals noch gesprochen, Jim?«

»Ich habe ihm gesagt: ›Jack, das bringt dich auf den elektrischen Stuhl.‹ Und er erwiderte: ›Jim, ich habe es getan, um Jackie Kennedy den Gang nach Dallas zu ersparen, wenn sie hier als Zeugin im Prozeß gegen Oswald hätte aussagen müssen.‹«

Das ist nicht sehr plausibel. Gegenüber der Ermordung Kennedys hat die Ermordung von Lee Harvey Oswald zwar den »Vorteil«, daß der Mörder namentlich bekannt ist – doch sein Motiv bleibt nach wie vor im dunkeln. Es ist ein Armutszeugnis für die amerikanische Justiz, daß sie es nicht fertigbrachte (oder fertigbringen wollte), den Häftling Ruby zum Verhör nach Washington zu bringen, wo er bereit gewesen wäre, wirklich offen auszusagen. In Dallas hat er sich nie sicher fühlen können – wohl auch zu Recht. Achtmal bat er, in die Hauptstadt überführt zu werden – jedesmal vergeblich. »Mein Leben hier ist in Gefahr«, schrieb er dem

Obersten Richter Warren. Nie ist die Identität des mysteriösen Arztes untersucht worden, über den Jack Rubys Wärter, Deputy Sherif Al Maddox, folgendes berichtete: »Da gab es einen komischen Arzt aus Chikago, der Ruby besuchte. Er sagte, er sei Rubys Arzt. Eines Tages sagte Ruby mir: ›Man hat mir eine Spritze gegen Erkältung gegeben. Aber ich glaube, es waren Krebszellen.‹«

Ähnlich äußerte sich der Polizist Tom Dilson: »Viele Polizeibeamte in Dallas waren der Ansicht, daß Jack Ruby Krebszellen injiziert worden sind.«

Schlüssige Beweise sind das nicht. Doch sie lassen Fragen offen. Jack Ruby starb in Polizeigewahrsam zu schnell an Krebs, als daß es keine Zweifel daran geben könnte, alles sei mit rechten Dingen zugegangen.

»Jim, wir haben nicht die Aufgabe, das Kennedy-Komplott in allen Einzelheiten zu behandeln. Wer aber kann uns daran hindern, unsere Meinung zu sagen?«

»Niemand darf das«, sagt der alte Polizist. So sei es Brauch in Texas.

»Dann lassen Sie mich doch mal eine abenteuerliche Theorie entwickeln. Wenn ich mir alle Thesen anschaue, die über Kennedys Ermordung auf dem Markt sind, halte ich die nach wie vor noch offizielle – Oswald sei der einzige Attentäter gewesen – für die am wenigsten wahrscheinliche. Zu viele schlüssige Indizien sprechen dagegen. Die Meinung, Lyndon B. Johnson oder Edgar Hoover seien die Drahtzieher gewesen, ist für mich absurd. Die USA und das Römische Imperium haben zwar einiges gemeinsam, und nicht nur Senatoren. Doch Washington ist nicht das alte Rom, und Johnson war kein Brutus.

Plausibler erscheint mir allerdings die These, daß die Mafia (aus Chikago) Kennedys Ermordung angeordnet hat – einerseits aus Furcht, die Anti-Kriminalitätskampagne Bobby Kennedys könnte ihr den Garaus machen, andererseits aus Rache für den Bruch des stillen Paktes, den der Präsident mit Sam Giancana geschlossen hatte, einem Mafia-Boß, mit dem er sich u. a. die Freundin teilte. Daß Oswald nicht der einzige Schütze gewesen sein kann, bestätigt auch die Aussage des Arztes aus dem Parkland-Hospital, in dem der Tod des Präsidenten festgestellt wurde: Dr. Charles A. Crenshaw schwört heute einen Eid darauf, der tödliche Schuß sei von vorne gekommen. Wir haben es also mit einem Kreuzfeuer zu tun.

FBI-Chef Hoover wußte von den Plänen, gab aber die Warnungen nicht weiter, denn er haßte Kennedy. Und Oswald wußte zuviel. Deshalb sollte Ruby, Mafia-Resident in Dallas, ihn erledigen. Derselbe Ruby wußte noch viel mehr und mußte gleichfalls sterben.

So kommt es, Jim, daß Sie der einzige Überlebende auf diesem Foto sind. Erscheint Ihnen meine Version plausibel?«

»Ich kann ja gut verstehen, daß Sie eine interessantere Geschichte lieber haben. Doch wenn Sie jetzt von mir nun auch noch hören wollen, daß ich das für möglich halte, muß ich leider sagen: möglich ja, doch ganz bestimmt nicht wahr.«

Mehr will der alte Polizist nicht sagen. Und ich verstehe auch, warum. Es stört ihn doch, daß er am Ende seines Lebens immer wieder über zwei Fälle ausgefragt wird, die er nicht hat lösen können, und das wurmt. All die vielen aufgeklärten Fälle interessieren heute niemanden, mich auch nicht.

Am Abend fahren wir zusammen auf die Dealey Plaza, parken hinterm Zaun, wo die Touristen immer noch mit Argusaugen nach Patronenhülsen suchen, jeder ein Jim Garrison, und schauen von der Brücke auf den Platz. Leavelle sagt leise: »Was hier geschehen ist, war ein Wendepunkt für unseren ungebrochenen Glauben, daß das Gute siegen muß. Das fällt uns seitdem etwas schwerer.«

Diesen Zweifel hätte ich dem alten Chief-Detective nicht mehr zugetraut, und deshalb frage ich ihn noch mal offen: »Könnte Kennedy vielleicht noch leben, wenn zumindest der Erwerb von Waffen hierzulande etwas komplizierter wäre?«

Doch da stoße ich auf Original-US-Granit: »Ein freier Mann darf Waffen tragen.«

Wir befinden uns in Texas, und auch das zählt zu der Summe der Verhängnisse für einen großen Präsidenten.

Heimkehr an die Klagemauer

Heimkehr an die Klagemauer

Das Foto entstand nach einer Schlacht. Und doch hat es einen Moment der Ruhe eingefangen. Für einen Augenblick scheint das Grauen des Krieges ausgeblendet: junge israelische Fallschirmspringer, im Schatten der »Klagemauer«, kurz nachdem sie das Heiligtum des Judentums zurückerobert haben.

Im Mittelpunkt steht ein andächtiger junger Mann, der seinen Helm in den Händen hält. In seinen Augen spiegeln sich Sehnsucht, Freude und Hoffnung eines ganzen Volkes wider – eines Volkes, das in diesen Tagen mehr denn je ums Überleben kämpft.

Viele seiner Landsleute erkennen sich auf diesem Bild wieder. Wohl deshalb ist das Foto vom Sechstagekrieg so berühmt geworden, weil es wie kein anderes Motiv das Schicksal Israels eindrucksvoll symbolisiert.

An der Stelle, wo das Bild entstand, treffen wir Itzchak Yifat, an der Westmauer des historischen Tempels von Jerusalem, an der »Klagemauer«. Yifat ist heute Arzt und wohnt bei Tel Aviv. Es überrascht nicht, daß er einen Colt trägt. Warum die Waffe? Er gehörte doch zu jenen, die diesen Ort erobert haben. Fühlt er sich immer noch bedroht?

»Ich trage immer einen Revolver, wenn ich in die besetzten Gebiete reise.«

Das ist tragisch – denn wozu hat er diesen Ort erobert? Etwa nur für jene Orthodoxen, die diese Weihestätte fest im Griff zu haben scheinen?

»Nein, denn diese Klagemauer gehört allen Juden, seit wir sie erobert haben.«

»War das einer jener Augenblicke, die man nie vergessen kann?«

»Ja, natürlich! Obwohl schon fünfundzwanzig Jahre vergangen sind, werde ich diesen Augenblick nie vergessen. Wenn ich an der Klagemauer stehe, ist es so, als wäre es gestern gewesen. Wir hatten eine Mission für unser Land erfüllt. Endlich war der Ort befreit, der eigentlich seit Tausenden von Jahren uns gehörte. Es war, als hätten wir die Besitztümer unseres Volkes aus der tiefsten Vergangenheit zurückgeholt.«

Kein Zweifel, er ist Patriot aus Überzeugung. Und die Klagemauer, so betont der Fotoheld, werde auch in Zukunft »stets in israelischer Hand« bleiben; mehr als einmal sei er dafür in den Krieg gezogen. Ein Israeli ist anscheinend immer im Krieg.

»Ich war und bin noch stolz, in der israelischen Armee zu dienen. Es ehrt jeden Israeli, den Streitkräften anzugehören und das Land zu verteidigen. Ich kämpfte als Fallschirmspringer in einer Eliteeinheit. Das hat mich besonders motiviert.«

Für uns ist es ungewöhnlich, wenn jemand so vom Kriegsdienst spricht. Aber Israel hat in seiner wechselvollen Geschichte mehrmals um sein Überleben kämpfen müssen, auch im Sechstagekrieg von 1967. Wie kam es damals zu dem großen Knall, der nicht nur den Nahen Osten, sondern auch den Weltfrieden erschütterte?

Die Ursachen der Krise reichen bis zur Entstehung des jüdischen Staates zurück. Im »Unabhängigkeitskrieg« von 1948 gelang es Israel zwar, seine strategische Position gegenüber dem zahlenmäßig weit überlegenen arabischen Gegner zu verbessern, doch schuf der Waffenstillstand von 1949 Grenzen, die nur schwer zu verteidigen waren. Jerusalem wurde geteilt, Tel Aviv lag achtzehn Kilometer und die engste Stelle des Landes bei Netanya nur fünfzehn Kilometer von den ersten jordanischen Militärposten entfernt. Ständig gab es Terrorangriffe arabischer Einheiten. Und die Israelis schlugen »Auge um Auge, Zahn um Zahn« zurück.

Zum zweiten heißen Nahost-Krieg kam es 1956, nachdem Ägypten den Suez-Kanal für israelische Schiffe gesperrt hatte. Israel wollte die Blockade mit militärischen Mitteln durchbrechen. Nur auf internationalen Druck zog es seine Truppen wieder zurück. Daß das israelisch-ägyptische Verhältnis danach äußerst gespannt blieb, verwundert nicht. Es war nur eine Frage der Zeit, bis es erneut zu kriegerischen Auseinandersetzungen kommen würde.

Im Frühjahr 1967 spitzte sich die Lage zu. Ägypten kündigte am 22. Mai die Blockade des Golfs von Akaba an. Kein Schiff unter israelischer Flagge durfte mehr die Straße von Tiran passieren. Das kam einer Kriegserklärung gleich, denn der für die Energieversorgung wichtige israelische Hafen Eilat wurde abgeschnitten. Gleichzeitig trommelte das Nasser-Regime mit allen Mitteln die Propaganda gegen das ihm so verhaßte »zionistische System«.

Nicht weniger bedrohlich entwickelte sich die Lage an Israels Grenze zu Syrien. 1966 hatte dort die linksradikale Baath-Partei die Macht ergriffen und Israel ebenfalls den Kampf angesagt. Von den Golan-Höhen aus beschossen syrische Einheiten die israelischen Dörfer am See Genezareth. Die Umklammerung durch die arabischen Gegner wurde von Tag zu Tag enger.

Und dann ging es Schlag auf Schlag. Ägyptische Truppen rückten im Sinai ein, etwa hunderttausend Soldaten und tausend Panzer. Zwei Tage später meldete die »Voice of the Arabs« über Radio Kairo: »Ganz Ägypten ist nun bereit, sich auf den totalen Krieg einzulassen, der Israel ein Ende machen wird.«

Die UNO-Truppen, die nach der Suez-Krise 1956 auf dem Sinai

stationiert worden waren, zogen sich auf Nassers Druck zurück. Israel protestierte vergeblich gegen den Abzug der Blauhelme.

Jordanien, der Libanon und der Irak traten der Anti-Israel-Koalition bei. Auch ihre Armeen waren kampfbereit. »Jetzt ist die Zeit langer Erklärungen vorüber, jetzt gelten nur noch Taten«, verkündete Nasser wenige Tage vor Ausbruch des Krieges, und der Irak ließ schon damals sehr vollmundig verlauten: »Das Ziel liegt klar vor uns: Israel von der Landkarte verschwinden zu lassen.« In den arabischen Hauptstädten schrien sich die Menschen in einen regelrechten Kriegsrausch. Das war das Szenario der Bedrohung vor dem Junikrieg 1967. Doch dann schlug Israel unerwartet zu. Es eröffnete den militärischen Kampf auf seine Weise: mit vernichtenden Präventivschlägen aus der Luft.

»War der Krieg unvermeidbar? Wurde er den Israelis wirklich aufgezwungen?« frage ich Itzchak Yifat.

»Sicher wurde er uns aufgezwungen. Niemand auf unserer Seite wollte diesen Krieg. Aber als Gamal Abd el-Nasser, der ägyptische Präsident, die Meerenge von Tiran zu blockieren befahl, drängte er uns in die Ecke. Wir hatten keine andere Wahl, als die Mauer zu durchbrechen. Auch die Schlacht um Jerusalem war ein Teil dieses Ausbruchsversuchs. Wir mußten an mehreren Fronten kämpfen, um der Umklammerung zu entgehen. Aber keiner von uns hat ihn gewollt, den Krieg.«

Das beteuerten die Araber auch – aber erst nachdem ihnen klar wurde, daß die Israelis ihnen erfolgreich zuvorgekommen waren. Unter strengster Geheimhaltung hatte der israelische Generalstab den Angriff vorbereitet. Nachdem alle Versuche gescheitert waren, den drohenden Konflikt mit diplomatischen Mitteln abzuwenden, erfolgte die Mobilmachung der Streitkräfte. Israel wollte den »Blitzkrieg«. So schnell wie möglich sollte eine strategisch günstige Ausgangsbasis für einen Waffenstillstand geschaffen werden. Denn es war zu erwarten, daß die Großmächte und die Vereinten Nationen innerhalb weniger Tage auf eine Waffenruhe dringen würden.

Am Morgen des 5. Juni, um 7.45 Uhr, starteten israelische Kampfflugzeuge nach gründlich einstudierten Plänen zu ihren ersten Zielorten, den Militärflughäfen des Gegners. Innerhalb weniger Stunden wurde die Luftwaffe Ägyptens und Jordaniens praktisch am Boden zerstört. Auch syrische und irakische Kampfflugzeuge fielen der Blitzaktion zum Opfer. Israel errang die absolute Lufthoheit. Die wichtigste Vorentscheidung in diesem Krieg war gefallen.

Die Truppen der israelischen Armee waren nicht minder erfolgreich. Sie eroberten den Gaza-Streifen und marschierten in Richtung Suez-Kanal. Mit der Eroberung der Südspitze der Sinai-Halbinsel war die ägyptische Blockade der Straße von Tiran durchbrochen.

Am dritten Tag des Krieges begann der Sturm auf Ost-Jerusalem. Diesen Stadtteil hielten die Jordanier besetzt, auch die Altstadt Jerusalems – mit den »heiligen Stätten«. Daß hier die Kämpfe besonders erbittert tobten, überrascht nicht, denn für beide Seiten hatte diese Schlacht Symbolcharakter. Während die israelische Luftwaffe jordanische Artilleriestellungen auf den östlichen Hügeln der Stadt bombardierte, griffen Infanteristen und Fallschirmjäger im Norden den strategisch wichtigen Munitionshügel an. Nach stundenlangen verlustreichen Kämpfen nahmen die Elitetruppen den Hügel schließlich ein. Von Westen kämpften sich die Fallschirmjäger immer näher an die Altstadt heran. Die meisten Soldaten stammten aus Jerusalem und kannten sich gut aus. Die anderen mußten sich vorher anhand von Stadtplänen mit jedem einzelnen Straßenzug vertraut machen.

Die jordanischen Truppen, die sich in der Altstadt verbarrikadiert hatten, wurden umzingelt. Um die Zerstörung der historischen Stätten zu vermeiden, wurde der Einsatz von Artillerie und Luftwaffe eingeschränkt. Im Nahkampf Mann gegen Mann stießen die Fallschirmspringer vor – bis sie die Westmauer des alten jüdischen Tempels erreichten. Am 6. Juni 1967, gegen Mittag, war die Klagemauer erobert.

Danach spielten sich ergreifende Szenen ab. Viele der jungen Soldaten weinten wie kleine Kinder. Einige fingen an zu singen, doch nicht etwa die Hatikwa, die israelische Nationalhymne, sondern einen populären Schlager: »Jerushalayim shel Zahav« – »Jerusalem, goldene Stadt«. Unter den Feiernden befand sich auch Itzchak Yifat.

»Was hat die Eroberung der Klagemauer für Sie so bedeutungsvoll gemacht? Waren es vor allem religiöse Gründe?«

»Ich bin kein religiöser Mensch, und ich sag's Ihnen offen, mit Religion hat das bei mir nichts zu tun. Aber dieser Ort ist von größter historischer Bedeutung. Mir scheint, daß das Herz der jüdischen Geschichte in diesem Überbleibsel der Klagemauer liegt. Sie war doch Teil des Hauses Gottes, unseres Tempels. Mein Großvater war ein religiöser Mann, ein angesehener Rabbiner in seiner Gemeinde. Ich selbst bin, wie gesagt, nicht religiös, doch allein die Tatsache, daß ich aus einer religiösen Familie stamme, vermittelt mir das Gefühl einer überwältigenden Nähe zur Klagemauer. In erster Linie aber sind es historische Gründe, die den Tempelberg, die Mauer und diesen Tag damals für mich so wichtig machten.«

»Dann war also die Eroberung der Westmauer auch ein ganz persönliches Anliegen?«

»Nicht in dem Sinne, daß ich mir davon einen persönlichen Nutzen versprach, obwohl mir am Abend zuvor mein Zahnarzt, Dr. Weinert, zusicherte, daß er mich für den Fall der Eroberung der Klagemauer bis an mein Lebensende umsonst behandeln würde. Das wäre, wenn Sie so wollen, ein persönlicher Ansatz. Aber das war natürlich überhaupt nicht ausschlaggebend für meine Motivation. Nein, es galt aus politischen und historischen Gründen, unserem Volk die Klagemauer und den Tempelberg wieder zurückzugeben.«

»Im Gegensatz zu Ihren Kameraden halten Sie ja auf dem Foto Ihren Helm in den Händen. Gibt es dafür einen besonderen Grund?«

»Ich weiß es selbst nicht mehr so ganz genau, warum ich den Helm nicht aufhatte. Ich bin mir nicht sicher, ob ich damit etwas Bestimmtes zum Ausdruck bringen wollte. Ob es vielleicht ein Stück innerer Hochachtung vor unserer Geschichte war? Das kann sein, aber ich muß hinzufügen, daß ich im großen und ganzen Helme sowieso nicht gern getragen habe. Vielleicht war das der Grund.«

Eines wird im Laufe des Gespräches klar: Itzchak Yifats Bild verleitet zur Legendenbildung. Doch vor mir steht nicht der tiefreligiöse Mensch, für den ihn viele halten, sondern ein aufgeklärter Geist, der historisch und politisch argumentiert, nicht aber vom Glauben her. Viele seiner Landsleute sahen in ihm schon fast so etwas wie die Inkarnation des »Erlösers«. Die Szene an der Klagemauer erschien als eine Aussöhnung zwischen Gott und dem jüdischen Volk. Yifat aber sieht sich nur als Patrioten, nicht als Glaubenskämpfer.

Der Krieg war zwar mit der Eroberung von Ost-Jerusalem noch nicht zu Ende. Aber die jungen Soldaten waren nach der Besetzung der Altstadt euphorischer denn je.

»Waren Sie damals völlig siegessicher?«

»Wir mußten nicht erst an den Tempelberg gelangen, um zu erkennen, daß wir den Krieg gewonnen hatten. Wir waren von Anfang an zuver-

Schwerbewaffnet selbst beim Gebet. Ein Ort des Friedens war die Klagemauer auch nach der Rückeroberung im Sechs-Tage-Krieg nicht.

sichtlich, schon als der Konflikt losbrach. Ein ägyptischer Radioansager meldete, daß unsere Flugzeuge wie Fliegen vom Himmel fielen. Dabei hat zu diesem Zeitpunkt die ägyptische Luftwaffe schon gar nicht mehr existiert. Aber trotzdem, als wir die Klagemauer erreichten, war das für uns ein materieller und symbolischer Beweis für den Sieg.«

Der Sieg der Israelis konnte deutlicher nicht sein. An allen Fronten erlebten die arabischen Truppen ein totales Desaster. Sie hatten keine einheitliche Strategie, ihre Kommandanten erteilten widersprüchliche Befehle. Zudem gab es gravierende Nachschubprobleme, und die Nachrichtenübermittlung versagte völlig. Die israelischen Streitkräfte waren in jeder Hinsicht überlegen – strategisch, technisch und logistisch. Es war von allem die Luftüberlegenheit, die dazu beitrug, daß dieser Krieg nur zu einem »Sechstagekrieg« wurde.

Am 11. Juni wurde auf Drängen des UN-Sicherheitsrates das Feuer an allen Fronten eingestellt. Die arabischen Staatschefs mußten ihre Niederlage eingestehen, während Israel triumphierte. Das arabische Nationalgefühl war zutiefst gekränkt.

Israels Verfügungsgewalt reichte nun über ein Territorium, das mehr als das Dreifache seines Kernlandes umfaßte. Die Golan-Höhen, der Gaza-Streifen, große Teile der Sinai-Halbinsel, die Westbank und Ost-Jerusalem blieben besetzt.

Das hatte auch eine Kehrseite. Künftige Konflikte mit den Arabern waren vorprogrammiert, insbesondere in Jerusalem. Denn hier hat der Islam seine zweitwichtigste »heilige Stätte«, den Felsendom.

Ich sprach mit dem islamischen Oberhaupt von Jerusalem, Mufti Alami. Der Tag der Eroberung Jerusalems ruft noch heute schmerzliche Erinnerungen bei ihm wach.

»Von meinem Haus aus sah ich, wie die israelischen Soldaten in die Altstadt Jerusalems einzogen. In dem Moment wußte ich: Es ist alles zu Ende, wir sind jetzt ein besetztes Land. Dieses Land – ich meine Palästina – ist ein arabisches Land. Lange bevor es Religionen gab, vor Mohammed, vor Jesus, sogar vor Abraham, war es arabisch – wie es in der Heiligen Schrift auch steht. Aber 1967 kamen die Israelis hierher und nahmen sich alles. Wir leben seitdem unter israelischer Besatzung. Wir sind nicht frei. Wir haben das Gefühl, in einem großen Gefängnis zu leben.«

Wer hat Recht, wer hat Unrecht? Mit gleicher Überzeugung berufen sich beide Seiten, Araber und Israelis, auf die Geschichte, um ihren Standpunkt zu rechtfertigen. Es ist das bekannte Problem, das schon so viele Konflikte ausgelöst hat: Wer war zuerst da? Wer hat die älteren Rechte?

Die Intifada, der Volksaufstand der Palästinenser in den besetzten Gebieten, hat die Diskussion über die Rechtmäßigkeit der israelischen Besetzung neu entfacht.

160 Ich frage unseren Fotohelden, ob der Frust, ja Zorn der Araber nicht

verständlich sei, denn vor dem Sechstagekrieg hat sich der Tempelberg immerhin im Besitz der Araber befunden.

»Ja, sicherlich verstehe ich das. Aber es muß doch erwähnt werden, daß dieser Ort nur zwanzig Jahre lang unter arabischer Herrschaft war. Dieser Ort gehörte zuerst uns und wurde dann von den Arabern erobert. In Hebron und in Nablus lebten vor vielen Jahren auch Juden. Es ist eine Tatsache, daß es dort Synagogen und jüdische Friedhöfe gibt. Und wir haben uns eigentlich nur zurückgenommen, was uns gehört. Vom historischen Standpunkt aus gehören diese Orte uns. Auf der anderen Seite verstehe ich, daß die junge Generation der Araber die Geschichte nicht kennt und denkt, daß all das ihnen selbst gehört.«

Beide Seiten, Israelis und Araber, beharren auf ihren Standpunkten. Doch worauf sollen sich historische Rechtsansprüche im Heiligen Land eigentlich stützen? Wie in kaum einer anderen Weltregion wechselten hier die Herrscher: Juden, Römer, Byzantiner, Araber, Kreuzfahrer, Mamelucken, Osmanen, Briten und – wieder Juden. Ob sich vor diesem Hintergrund eindeutige Besitzansprüche auch historisch rechtfertigen lassen, ist zumindest fraglich.

»Kann es zwischen Israelis und Arabern überhaupt einen Kompromiß geben?«

»Auf jeden Fall meine ich, daß ein Modus vivendi, ein Mittelweg, gefunden werden muß. Sonst kommt es nie zu einem Friedensabkom-

Oben links:
Der Fotoheld Itzchak Yifat kurz nach dem Sechs-Tage-Krieg mit seiner Frau. Sie hat lange unter der Berühmtheit ihres Mannes gelitten.

Oben rechts:
Noch immer ist der Blick auf die Klagemauer für Yifat ein besonderes Erlebnis.

men. Vielleicht kann der Tempelberg sogar Ausgangspunkt für eine Versöhnung zwischen den Juden und Arabern sein. Ich bin kein Politiker und kenne mich nicht allzusehr in diesen Dingen aus, aber ich bin der Ansicht, daß von hier aus eine Botschaft an die ganze jüdische und islamische Welt gehen sollte, sich einander anzunähern. Und noch mehr: Diese Botschaft sollte allen Völkern überhaupt gelten. Denn eigentlich hat ja auch der christliche Glaube hier seine Wurzeln. Warum soll Jerusalem nicht für alle ein Ort des Friedens sein?«

Das klingt schon versöhnlicher. Aber gerade beim Thema Jerusalem geraten die Gespräche der Nahost-Friedenskonferenz immer wieder in eine Sackgasse. Völkerrechtlich gesehen ist der Status von Jerusalem bis heute umstritten. Der von Israel 1967 geschaffene Status quo wurde international nie anerkannt. Die Vollversammlung der Vereinten Nationen besteht darauf, daß darüber nur in Konsultationen mit den Arabern endgültig entschieden werden kann. Daran ändert auch das Jerusalem-Gesetz vom Juli 1980 nichts, in dem die Knesset Jerusalem »zur ewigen Hauptstadt« Israels erklärt.

Daß die »ewige Hauptstadt« vor allem im arabischen Teil für Israelis ein unsicheres Pflaster sein kann, ist in jeder Zeitung zu lesen. Auch unser Fotoheld kam mit einem Revolver zur Klagemauer.

»Muß ein Jude in Jerusalem wirklich um seine Sicherheit bangen?«

»Zu meinem großen Bedauern kann ich das nicht eindeutig verneinen. Hundertprozentige Sicherheit gibt es hier nirgendwo. Auf der israelischen Seite der Stadt schon, aber im Ostteil, in dem die arabische Bevölkerung wohnt, jedenfalls nicht.«

Bis es einmal zu einem dauerhaften Frieden kommt, müssen noch viele Hürden genommen werden. Glaubt die Mehrzahl der Israelis denn an eine Aussöhnung mit ihren Gegnern – oder ist der Haß noch immer zu groß?

»Empfinden Sie Ihre Gegner von damals noch als Feinde?«

»Vielleicht macht folgende Geschichte meine Haltung deutlich. Kurz nach dem Sechstagekrieg trafen sich alle Soldaten meiner Einheit auf dem Munitionshügel in Jerusalem. Wir bauten im Andenken an unsere gefallenen Freunde aus vielen kleinen Steinen ein Denkmal. Doch dabei blieb es nicht. Wir bauten noch ein zweites Denkmal, diesmal für die arabischen Soldaten. Zu meinem großen Bedauern hat jemand diesen ›Gedenkstein‹ später zerstört. Aber ich glaube, daß unsere Geste einmalig in der Welt war: Ein Feind errichtet seinem Gegner ein Grabmal. Und das ist meine Einstellung. Vielleicht kann auf einer solchen Grundlage einmal Frieden gedeihen.«

Einen Tag später besuchen wir Itzchak Yifat und seine Frau in ihrer Wohnung bei Tel Aviv.

»Damals waren Sie in Israel der Held des Jahres. War das für Sie von Vorteil – privat oder beruflich?«

»Wenn ich geehrt wurde, dann aufgrund dessen, was ich getan und geleistet habe, aber nicht wegen des Fotos. Ich habe es auch nie darauf angelegt, aus diesem Foto Kapital zu schlagen, weder finanziell noch was meine berufliche Laufbahn betrifft.«

»Hat es Ihren Lebensweg also nicht besonders beeinflußt?«

»Nein, alle Pläne, die ich vorher hatte, führte ich aus, ohne jeglichen Zusammenhang mit diesem Bild. Vielleicht hat mir das Foto ab und zu sogar eher Unannehmlichkeiten bereitet. Leute von den Medien klopften ständig an meine Tür. Aber ansonsten lebe ich damit in Frieden.«

»Aber Sie sind dennoch stolz darauf?«

»Stolz bin ich schon. Der Ruhm gebührt aber nicht nur mir, sondern allen meinen Kameraden, die mitgekämpft haben. Zufällig war ich es halt, der fotografiert wurde.«

Uns interessiert natürlich auch, was es für Frau Yifat bedeutet, mit einem Mann verheiratet zu sein, der auf dem wohl populärsten Foto der israelischen Geschichte verewigt ist.

»Ich habe meinen Mann einige Monate vor dem Krieg kennengelernt, und die Wahrheit ist, daß ihn dieses Bild so bekannt gemacht hat, daß es ein Problem war, mit ihm auf die Straße zu gehen. Die Leute haben uns alle paar Sekunden angehalten. Wir konnten nicht spazierengehen und hatten keinen Augenblick für uns allein. Es war so schlimm, daß ich ihn schon verlassen wollte. Mit der Zeit aber lernte ich, damit zu leben. Und heute bin ich stolz drauf, daß wir dabei helfen können, ein bißchen israelische Kampfgeschichte an die jüngere Generation und an jeden, den es interessiert, weiterzugeben.«

So ändern sich die Zeiten. Heute scheint Frau Yifat diejenige in der Familie zu sein, die den Kult um das Foto weiterpflegt, obwohl sie lange unter der Berühmtheit ihres Mannes gelitten hat. Etwas Eifersucht war natürlich auch im Spiel. Itzchak Yifat konnte sich vor weiblicher Zuwendung, das heißt vor Fanpost und vor Anrufen, kaum retten. Aber er ist sich und seiner Frau treu geblieben.

Der Fotoheld von damals ist heute Chirurg und Gynäkologe. Er hilft, Babys auf die Welt zu bringen. Gibt es eine schönere Aufgabe für einen ehemaligen Krieger? Was er im Leben erreicht hat, das ist ihm auch ohne das Foto gelungen. Doch für viele seiner Landsleute bleibt dieses Bild Symbol für den Tag, an dem das Volk der Juden seine heiligste Stätte wieder in Besitz genommen hat, Symbol der Heimkehr an die Klagemauer.

Black Power

Black Power

Ein Bild, das es in sich hat: Auf dem begehrten Treppchen, wo sonst die Gewinner von Gold, Silber und Bronze bei Olympischen Spielen brav auf die Medaillen warten, die ihnen von ergrauten Würdenträgern huldvoll überreicht werden, stehen an diesem Abend im Oktober 1968 zwei schwarze Amerikaner, Tommie Smith und John Carlos.

Es ist die Siegerehrung im 200-Meter-Lauf der Männer. Tommie hat mit einer Zeit von 19,83 Sekunden Gold gewonnen, John Bronze.

Das war nicht unbedingt vorhersehbar gewesen: Denn knapp fünf Wochen zuvor, bei den knallharten US-Vorausscheidungen für die Olympischen Spiele, hatte John Carlos mit handgestoppten 19,7 Sekunden einen – allerdings nicht anerkannten – Weltrekord gelaufen: Als erster Mensch war er unter 20,0 Sekunden geblieben.

Jetzt aber hatte Tommie Smith die Nase vorn, und John Carlos wurde auf den letzten Metern auch noch vom Australier Peter Norman abgefangen.

Aber das war nicht die Nachricht dieses Tages, ebensowenig die Tatsache, daß gleich zwei Amerikaner auf dem Treppchen standen und das »Star Spangled Banner« zweimal aufgezogen werden würde. Dieses Ritual war dem Publikum auch hier in Mexiko vertraut. Schließlich war Amerika noch unbestrittene Sportmacht Nummer eins.

Allenfalls die kundigen Beobachter hätten sich über zwei Details wundern können: daß nicht IOC-Präsident Avery Brundage sich anschickte, seinen Landsleuten die Medaillen zu überreichen, sondern der etwas bleiche britische Lord Exeter; verwunderlich war außerdem, daß die beiden schwarzen Amerikaner nicht in Schuhen, sondern nur in schwarzen Socken angetreten waren, an jeweils einer Hand einen gleichfalls schwarzen Lederhandschuh trugen und ein Band um ihren Hals.

Der IOC-Marquess von Exeter hatte in den sauren Apfel der Medaillenübergabe beißen müssen, weil IOC-Präsident Avery Brundage von seinen farbigen Landsleuten als Medaillenpräsentator abgelehnt worden war. Brundage hatte ursprünglich das Apartheid-Land Südafrika zu den Spielen eingeladen (was wegen der Boykottdrohung der afrikanischen Länder rückgängig gemacht werden mußte), und er gehörte zu den Honoratioren von Chikago – jener Stadt, deren Bürgermeister Richard

Daley sich damals dafür stark machte, daß bei Rassenunruhen in den schwarzen Ghettos scharf geschossen werden konnte.

Und als dann Exeter, rot-weiß gekleideter Veteran aus der Ära der olympischen Kavaliere, dessen vornehmes Raubvogelgesicht durch ein bitteres Lächeln entstellt war, den beiden schwarzen Sprintern die Medaillen um den Hals hängte und sich die Geehrten zur Tribüne drehten, wo zum Klang der Nationalhymne die Fahnen an den Masten aufgezogen wurden, da geschah das Skandalöse, aber einzige, was diese Spiele 1968 überdauern sollte.

Tommie Smith und John Carlos, die beiden schwarzen US-Bürger, senkten ihre Köpfe und streckten die geballte Faust im schwarzen Handschuh in die Höhe.

Vor achtzigtausend Zuschauern im Olympiastadion zu Mexiko-City, die sich wie üblich von ihren Plätzen erhoben hatten, und Hunderten Millionen vor den Fernsehschirmen in der ganzen Welt schleuderten zwei Schwarze mit einer kleinen Geste der weißen Rasse wortlos, aber wirkungsvoll entgegen: »We won't kiss asses anymore!« (»Wir werden euch nie mehr in den Hintern kriechen!«)

Die geballte Faust war kein Symbol des Kommunismus, wie das pfeifende Publikum argwöhnte, sondern von »Black Power« – nicht zur höheren Ehre des Sternenbanners waren die beiden Schwarzen angetreten, sondern im Namen ihrer Rasse, die unter diesem Banner gleiches Recht nicht fand.

Die Geste schied weltweit die Geister. Von schwarzen Amerikanern und vom Ostblock wurde sie als »Demonstration der Unterdrückten« begrüßt – was die Ablehnung im Rest der Welt nur noch verstärkte.

Stellvertretend für die vorherrschende Meinung schrieb der »Daily Telegraph«: »Das war ein Mißbrauch der Olympischen Spiele.«

»Mißbrauch?« fragte damals schon John Carlos. »Wir sind für die Weißen doch nur Maultiere. Wenn ich's gut mache, dann werde ich gestreichelt und mit Erdnüssen gefüttert, und sie sagen plötzlich ›Boy‹ zu mir... Wenn ich's nicht gut mache, ignorieren sie mich. Das geht nicht mehr so weiter. Ich hab' es satt.«

John Carlos, ein nervöser 1,93-Meter-Mann mit Spitzbart, war damals dreiundzwanzig Jahre alt. In seiner Kindheit und Jugend hatte er in den Straßen von Harlem das Überleben geübt, und das hieß vor allem: weglaufen, wenn Gefahr drohte. Später war er an der Universität von Texas aufgenommen worden, weil die ehrwürdige Alma mater für ihr Image eine schwarze »Laufmaschine« brauchte, wie sie ihrem Zögling deutlich zu verstehen gab.

»Black Power« – unter diesem Schlagwort fanden sich damals in den USA friedliche und weniger friedliche Farbige im Kampf gegen weiße Vorherrschaft zusammen. Zu den weniger friedlichen zählten die »Black Panther«, eine linksextreme Bewegung, deren Führer regelmäßig nach

Kuba fuhren, um sich in den Methoden des Stadtguerilla-Krieges unterrichten zu lassen. Ihr Führer Malcolm X wurde später ermordet. Er hatte jenen schwarzen Handschuh, Zeichen radikaler Kampfansage an die »weiße« Ordnung, erst bekannt gemacht.

Es war kein Wunder, daß in solch einem Umfeld den Athleten John Carlos und Tommie Smith ihre kühne Geste schlecht bekam. Amerika, die von Grund auf patriotische Nation, rächte sich bitter an ihnen. Sie mußten das olympische Dorf sofort verlassen (waren freilich ohnedies am Vorabend schon ausgezogen) und wurden, so hieß es offiziell, »mit Schimpf und Schande aus der Olympiamannschaft ausgestoßen«. Daß dies zu den Legenden der Geschichte zählt, davon wird noch die Rede sein. Den beiden Sprintern wurde der Amateurstatus entzogen, sie wurden als »Anti-Amerikaner« angeprangert, ihre Familien verfemt. Sie bekamen Kuhmist, Schlangen und Drohbriefe nach Hause geschickt. Tommie Smith' Bruder wurde aus seinem Footballteam geworfen. Mit Schmähungen, selbst mit Brandbomben setzte man den beiden Athleten zu. Unter diesem Druck zerbrachen die ersten Ehen beider Sportler. John Carlos' Frau beging Selbstmord.

Carlos, der den Journalisten 1968 wie ein linksextremer schwarzer Guerillaführer vorgekommen war, ist in Wirklichkeit der weichere, sensiblere der beiden Sportler.

Jahrelang stand er im Abseits. Als er versuchte, sich als Profi im American Football über Wasser zu halten, drohten die Gegenspieler, ihm für den »Verrat von Mexiko« die Knochen zu brechen. Bald war er arbeitslos – und blieb es.

1984 sah es dann so aus, als ob Amerika ihm doch verzeihen würde. Peter Ueberroth, der deutschstämmige Organisator der Olympischen Spiele von Los Angeles, engagierte John Carlos für die Mitarbeit im Organisationskomitee. Dort war Carlos zuständig für »Community Relations«: eine Art Beschwichtigungshofrat für jene Einwohner, die sich durch die Spiele gestört fühlen könnten. Das waren vor allem die schwarzen Einwohner von Watts, jenem Armutsghetto, das im Jahre 1992 in einer Orgie der Gewalt explodieren sollte, weil die seit Jahrzehnten schwelenden sozialen Konfliktherde nicht gelöscht worden waren.

Das war ein Job, wie geschaffen für John Carlos. Der einstige Volksfeind in den Augen der schweigenden US-Mehrheit konnte sich als Menschenfreund gebärden. Er verteidigte in Watts die Spiele von Los Angeles mit einer Hingabe, die selbst die Organisatoren überraschte. Ergebnis: Das schwarze Ghetto blieb ruhig.

Doch die schönen Tage von Los Angeles gingen für Carlos rasch vorbei, und ein halbes Jahr danach war er wieder arbeitslos. Zwei Jahre lang hörte man nichts mehr von ihm, dann stand auf einmal in den Zeitungen: »John Carlos wegen Kokainbesitz festgenommen.«

Was war geschehen?

In einem von ihm gefahrenen Wagen hatte die lokale Polizei von Altadena bei Los Angeles ein Päckchen Kokain gefunden. Nach Auskunft eines Polizeisprechers hatte er den Kokainbesitz zunächst zugegeben. Doch in einem Gespräch mit dem Reporter George Ramos von der »Los Angeles Times« bestritt Carlos jegliche Schuld: »Der Mercedes gehörte einem Freund und stand zwei Wochen lang mit geöffneten Fenstern vor meinem Haus. Jemand muß da was reingeworfen haben. Ich bin unschuldig.«

Mit Zeitungsausschnitten wie diesem im Gepäck fahren wir nach Palm Springs, dem Eldorado der Reichen Amerikas – eine Traumstadt mitten in der Wüste, auf zwanzig Häuser kommt ein Tennisplatz, auf hundert ein Golfplatz. Hier zu leben ist ein Fest.

Doch auch für Feste braucht man Arbeiter. Einer von ihnen ist John Carlos. Er hat an einer High-School Anstellung gefunden, als Sicherheitsbeauftragter – die braucht man in Amerika – und nebenher als Leichtathletiktrainer.

Immerhin: John Carlos hat auch einen »Manager«, einen recht naiven Typen namens Small, der erklärt, daß er viel lieber »Big« heißen würde, das passe mehr zu seiner Körperfülle. »Don't call *me*«, hatte Carlos am Telefon gesagt, »call my agent!« Der versucht nun, den Preis in die Höhe zu treiben. Auf den Interviewtermin läßt er sich erst ein, als ich

»*I have a dream.*« *Hoffnungsträger Martin Luther King nach seiner legendären Rede am 28. August 1963 vor 300 000 Zuhörern in Washington.*

Demonstration von Black Power. Der schwarze Bürgerrechtler Billy Brooks, gefeiert von seinen Anhängern, mißtrauisch beäugt von schwerbewaffneten Nationalgardisten.

verspreche, seinem Klienten auf der Suche nach einem Verlag für seine »Memoiren« behilflich zu sein.

»Warum damals diese Geste, John?«

»Wir fühlten, daß nur eine wirkungsvolle Demonstration der Welt zeigen konnte, welche Gegensätze zwischen Schwarz und Weiß in Amerika bestanden. Wir wollten, daß alles friedlich verlief. Das Ganze kam mir in den Sinn, als ich kurz vor den Spielen Martin Luther King traf. Der erklärte mir, er brauche eine andere und deutlichere Form der Unterstützung, also nicht nur Leute, die Protestmärsche inszenierten oder freiwillig ins Gefängnis gingen. Und deshalb haben wir es getan.«

»Für wen haben Sie's getan, John?«

»Eigentlich für alle unterdrückten Minderheiten in der ganzen Welt. Und für die jungen Leute in Amerika, die sehen sollten, daß man für gute Ziele einstehen muß.«

»Wer von euch beiden hat den Akt initiiert? Hat Tommie Smith Sie überzeugt, oder war es umgekehrt?«

»Tommie Smith wird wahrscheinlich sagen, es sei seine Idee gewesen, aber ich kann, Hand aufs Herz, beschwören: Ich hatte als erster die Idee. Die Handschuhe gehörten Tommie, doch er wußte überhaupt nicht, was er damit tun sollte, und ich hab's ihm gesagt. Und so nahm Tommie den rechten Handschuh, ich den linken, und wir erhoben unsere Hände. Nach den Spielen hab' ich ihm seinen Handschuh zurückgegeben.

Wahrscheinlich denkt Tommie, weil es seine Handschuhe waren, habe er auch die Idee gehabt, aber das war nicht so.«

»Was bedeutet diese Geste heute, in der Rückschau, für Sie?«

»Sie bedeutet, daß zwei schwarze Männer damit deutlich machen konnten: Ich vertrete zwar auch irgendwie mein Land, aber zuerst einmal mich und meine Rasse. Und wir wollten sagen: ›Schaut her, wir lassen uns nicht mehr alles gefallen. Wir kriechen euch nicht mehr in den Hintern, wir wehren uns!‹«

»Standen Sie damals mit den ›Black Panther‹ in Verbindung?«

»Nein, John Carlos stand und steht mit niemandem in Verbindung. Damals habe ich gesagt, und ich wiederhole es auch heute: ›Jeder Mann ist eine Insel. Und jeder Mann hat ein Recht auf eigene Entscheidungen und eigene Irrtümer.‹ Wir fühlten damals, daß wir nicht mehr unsere Seelen verkaufen durften. Wir forderten unsere Rechte als schwarze Amerikaner.«

»Wie haben darauf die weißen Amerikaner im Stadion reagiert?«

»Die waren geschockt, und das wollten wir ja, denn die Wirklichkeit ist auch schockierend. Und als sie sich erholt hatten, da brüllten sie die Nationalhymne so laut, als ob sie uns die Melodie in die Kehle rammen wollten. Wir, Tommie und ich, akzeptierten das. Aber wir fühlten: Die wahren Amerikaner, das waren wir. Sie buhten uns aus, nannten uns ›Nigger‹ und riefen: ›Geht doch zurück nach Afrika!‹

Schlimmer war, was dann kam. Die Rassisten dieses Landes haben uns geschrieben: ›Wir killen euch.‹ Und wir haben wirklich damit gerechnet, unser Leben zu verlieren. Doch wenn große Männer große Dinge tun, dann müssen sie dafür ihr Leben einsetzen. Recht ist wichtiger als Leben.«

Jetzt hat er etwas von einem Martin Luther King, und es gefällt ihm sehr, daß ich das sage.

»Die Risiken für Ihre sportliche und berufliche Karriere haben Sie bewußt in Kauf genommen?«

»Wer sein Leben für das Recht einsetzt, der denkt nicht an Karriere.«

Ist das Überzeugung, Starrsinn oder nur Beschönigung? Karriere machen wollte er natürlich trotzdem. Doch er hatte einfach nicht damit gerechnet, daß die Reaktionen in den USA so ablehnend, so böse, so vernichtend ausfallen würden.

»Aber waren diese Reaktionen nicht vorhersehbar?«

»Natürlich habe ich erwartet, daß es böse Reaktionen geben würde. Doch ich habe nie im Traum daran gedacht, daß es über Jahre und Jahrzehnte anhalten würde. Aber heute ist es auch ein Trost für mich, daß im Laufe der Jahre immer mehr Menschen verstanden haben, was wir eigentlich wollten.«

Doch in den zweieinhalb Jahrzehnten seitdem verstrich ein Drittel seines Menschenlebens, und es waren schwere Jahre.

»Das schlimmste von allem war, daß meine Frau Selbstmord beging. Sie haben meine Frau getäuscht, betrogen und gequält bis zu einem Punkt, an dem sie nicht mehr konnte.«

»Wer sind ›sie‹?«

»›Sie‹ sind alle, die mir keine Arbeit gaben, meine Frau belogen, ihr zuflüsterten, ich hätte Verhältnisse mit anderen Frauen. Deshalb hat sie Selbstmord begangen.«

»Waren das anonyme Vorwürfe?«

»Ja, und sie waren völlig aus der Luft gegriffen. Ich habe an Universitäten Reden gehalten, um Geld zu verdienen. Als ich einmal von ein paar Leuten eingeladen wurde, habe ich im privaten Kreis aus Spaß gesungen und getanzt. Da wurden Fotos gemacht. Und anonyme Absender haben meiner Frau diese Fotos geschickt und geschrieben, ich hätte mit einigen der abgebildeten Frauen sexuelle Beziehungen gehabt. Das war alles erlogen. Aber diese anonymen Briefe kamen immer wieder. Meine Feinde wußten, daß sie mich nicht als einzelnen, aber über meine Familie treffen konnten. Und das taten sie.«

»Wie haben Sie das alles überstanden, John?«

»Ich weiß nicht mehr, wie ich das überhaupt geschafft habe. Zeitweise war ich darauf angewiesen, jeden lumpigen 5-Dollar-Job anzunehmen. Aber was nützt Ihnen ein 5-Dollar-Job, wenn allein Ihre Stromrechnung zweihundertfünfzig Dollar ausmacht? Das zu überstehen war verdammt schwierig. Wenn ein Mann nicht mehr Beschützer und Ernährer seiner Familie sein kann, dann verliert er den Respekt vor sich selbst. Und so erging es mir. Das ist ein schreckliches Gefühl. Diese Zeit zu überstehen war verdammt hart.«

»Haben Sie den Akt von Mexiko nie bedauert? Haben Sie sich nie insgeheim gesagt: ›Hätte ich das nur gelassen!‹?«

»Nein, nie. Nie in meinem ganzen Leben habe ich den Akt von Mexiko bedauert, und nie in meinem ganzen Leben werde ich ihn bedauern. Ich bin derselbe geblieben, der ich damals war. Mein Haar ist dünner und grauer geworden, aber mein Geist ist derselbe wie 1968. Ich würde die Geste von Mexiko jederzeit wiederholen.«

Wir waren gespannt, ob auch der zweite Mann von Mexiko, Tommie Smith, seinen Überzeugungen von damals ähnlich treu geblieben ist. Smith ist heute Trainer. Er lehrt am Santa Monica College in Los Angeles Leichtathletik, nennt sich selbst »Instrukteur«, seine Studenten rufen ihn »Coach«. Die Wände seines Arbeitszimmers sind vollgepflastert mit Reliquien des Akts von Mexiko, vor allem mit Fotos.

»Hat dieses Bild Ihr Leben verändert, Tommie?«

»Das hat es in der Tat. Es hat mein Leben schwergemacht – bis zu dem Tiefpunkt, an dem ich Kalifornien verlassen und wie ein Flüchtling fast sechs Jahre lang in einem anderen Staat leben mußte.«

»Wie kam es zu der Geste auf dem Siegertreppchen?«

»Wir schwarzen Athleten hatten damals das Gefühl, politische Verantwortung zu tragen – gerade weil es Weiße gab, die meinten, unsere Aufgabe bestehe lediglich darin, schnell zu laufen und ansonsten dumm zu gucken. Wir wollten Gleichberechtigung. Das hatte nichts mit Haß zu tun, obwohl das viele Weiße heute immer noch glauben. Wir schwarzen Athleten haben uns vor Mexiko mehrmals getroffen und überlegt, ob wir alle gemeinsam demonstrieren sollten. Aber da wir doch aus ganz verschiedenen Ecken kamen und verschiedene Charaktere waren, beschlossen wir, daß jeder nach eigenen Kriterien handeln sollte. Und das haben wir, John Carlos und ich, getan.«

Das alles hatte auch etwas zu tun mit dem grandios-verrückten Jahr der Wende 1968, als die scheinbar festgefügte Ordnung in der ganzen Welt aus den Fugen zu geraten schien: Proteste in Amerika gegen den Vietnamkrieg, Proteste in Frankreich gegen die Regierung, Proteste in Deutschland gegen die Erstarrung der Gesellschaft – Rebellionen überall, wie eine ansteckende Epidemie. Der Akt von Mexiko entsprach dem Zeitgeist.

»Wer hat eigentlich den Ausschlag gegeben, John Carlos oder Sie?«

In diesem Augenblick waren sie noch Helden der Nation. Tommie Smith (Mitte) und John Carlos (links) im Ziel des 200-Meter-Laufs.

»Keiner von uns beiden. Wir haben vorher diskutiert, was wir tun sollten, und so ist die Sache einfach entstanden. Unsere Situation war ja komisch: In einem fremden Land liefen wir für unser Land um Gold, dann kehrten wir zurück ins eigene Land und mußten wieder kuschen. Und das wollten wir nicht mehr.

Als wir aufs Siegertreppchen stiegen, trugen wir ein Band um unseren Hals, um die Lynchjustiz an unseren Vorvätern zu symbolisieren! Unsere schwarzen Socken stellten die Armut dar. Die geballte Faust war zwar auch ein Zeichen von ›Black Power‹, aber nicht ausschließlich, denn auch viele weiße Athleten strecken die geballte Faust in die Höhe, wenn sie einen Sieg errungen haben. Für uns war das ein Zeichen der Solidarität, der Kraft und der Gemeinsamkeit – auf keinen Fall ein militantes Zeichen.«

»Einige Leute dachten damals ja, Sie stünden mit den militanten ›Black Panther‹ in Verbindung.«

»Wer so dachte, war ein geistiger Neandertaler. Es gibt noch viele Weiße, die meinen, alle schwarzen Menschen seien gleich und denken gleich. Alle Schwarzen springen gleich gut hoch. Wir sind alle schnell, wir können alle nicht lesen, wir haben alle keine Zähne mehr. John Carlos und Tommie Smith sind aber völlig verschieden. Und doch hatten wir zur gleichen Zeit die gleichen Ideale, und deswegen haben wir gemeinsam gehandelt.«

»Warum wollten Sie damals eigentlich nicht, daß Avery Brundage Ihnen gratulierte?«

»Avery Brundage war ein ›Red-Necked-Dog‹ – das heißt, er glaubte wirklich an die Überlegenheit der arischen Rasse. So gesehen gibt es keinen Unterschied zwischen Hitler und Avery Brundage. Für einen IOC-Präsidenten war er ziemlich rechtsradikal. Er ist ein Mann, der eigentlich zur Kategorie der Mörder gehört. Jetzt ist er tot, und Gott sei seiner Seele gnädig.«

»Haben Sie damals keinen Augenblick an der Richtigkeit und Wirkung Ihrer Tat gezweifelt?«

»Keinen Augenblick. Als ich damals auf dem Treppchen stand, war ich ziemlich ruhig. Wir hatten überhaupt nicht das Gefühl, die Flagge zu mißachten, im Gegenteil: Wir haben sie geehrt, weil wir für die Wahrheit demonstrierten. Wir haben ja kein Wort gesprochen. Es war ein stiller Protest. Was die amerikanische Öffentlichkeit damals so erregte, war die Tatsache, daß es in einem anderen Land geschah und in der ganzen Welt gesehen wurde. Aber wir mußten die Menschen aufrütteln, wenn sich in unserem Land etwas ändern sollte.«

»Und die Minuten danach?«

»Nachdem die Nationalhymne verklungen war, schaute ich mich um. Und was ich sah, waren Tiere. So empfand ich es. Die Leute schrien, in ihren Gesichtern stand der nackte Haß. Ich senkte wieder meinen Kopf

und bat: ›Lieber Gott, bring mich hier lebend raus!‹ Ich hatte schlicht und einfach Angst.«

»Die Reaktion des amerikanischen NOK konnte Sie ja dann nicht mehr überraschen?«

»Natürlich nicht. Wir sind ja schon in der Nacht zuvor aus dem olympischen Dorf ausgezogen. Denn wir wußten, daß das NOK uns sowieso aus dem Team gestoßen und aus dem olympischen Dorf verbannt hätte. Am liebsten hätten sie uns tot gesehen. Aber diesen Gefallen taten wir ihnen nicht. Wir zogen nachts zuvor in ein Hotel, und dort erhielten wir schon eine Stunde nach dem Akt den ersten Anruf. Man sagte uns, wir sollten beim NOK erscheinen, dort wolle man mit uns reden. Aber daran hatten wir kein Interesse mehr. Denn was hätten die NOK-Leute getan? Sie hätten uns offiziell aus der Mannschaft ausgeschlossen, aus dem olympischen Dorf geworfen, man hätte uns unsere Medaillen weggenommen und nach Hause geschickt.

Doch wir haben unsere Medaillen heute noch, und es ist einfach falsch, wenn in den Geschichtsbüchern steht, Tommie Smith und John Carlos sind aus der Mannschaft gefeuert und nach Hause geschickt worden, nachdem man ihnen die Medaillen weggenommen hatte. Dem haben wir uns vorher entzogen.«

»Wie hat Sie die Öffentlichkeit zu Hause in den USA empfangen?«

»Die meisten Leute dachten damals ja, wir seien militante Untergrund-

Oben links:
Olympiasieger
Tommie Smith
heute: Um einige
Pfunde schwerer,
aber als Leicht-
athletiktrainer
erfolgreich.

Oben rechts:
John Carlos heute
mit seinem »Ma-
nager« Wayne
Small.

175

kämpfer, wir hätten das US-Team infiltriert, und jetzt würden wir versuchen, es ganz zu ruinieren. Zu Hause war es noch schlimmer. Die Schwarzen hatten Angst, uns anzufassen. Die Weißen berührten uns sowieso nicht. Wir waren wie Parias, wir verloren unsere Jobs, wir wurden als Kommunisten beschimpft. Das allgemeine Motto hieß: ›Steckt sie in ein Faß, tut den Deckel drauf, und rollt sie den Berg hinab!‹ Aber wir kämpften. Ich ging zurück zur Uni. Ich borgte mir Geld von meiner Familie, von Freunden, von Banken – und auch von meiner Universität. Und zahlte bis 1980 alles zurück.«

»Aber Ihre Familie ist unter der Belastung zerbrochen.«

»Das geschah vor allem, weil ich keine Arbeit finden konnte. Wir hatten nichts, um unser Baby zu ernähren. Und so zerbrach meine Familie. Meine Frau ging ihres Weges, ich den meinen. Und Kevin, mein Sohn, wurde zwischen uns hin und her gerissen.«

»Und Ihre Eltern?«

»Die haben mich verstanden. Sie haben es nicht ausgesprochen, doch ich wußte, daß sie mit mir fühlten. Mein Vater sagte damals: ›Tommie, ich weiß nicht so recht, was du in Mexiko getan hast, aber weil du mein Sohn bist, kann es nicht so schlimm gewesen sein.‹«

»Gab es sonst keine Solidarität?«

»Jetzt ja, damals nicht. Ich mußte Kalifornien verlassen, um einen Job zu finden, von dem ich leben konnte. Und so wurde ich Footballspieler in Cincinnati.«

Und da erlitt er – Parallelität der Lebensläufe – das gleiche Schicksal wie John Carlos:

»Vor beinahe jedem Match haben Gegenspieler gedroht: ›Für Mexiko brechen wir dir heute die Knochen!‹ Als nach drei Jahren mein Nacken kaputt, mein Knie verdreht war, nahm ich meinen Footballhelm unter den Arm und sagte: ›Das war's, ich will überleben.‹«

»1984 sah es aber dann so aus, als hätte das System Ihnen verziehen. Sie haben bei den Olympischen Spielen in Los Angeles mitgewirkt – wie John Carlos auch.«

»Sie haben mich im Ghetto Watts beschäftigt, weil ich, wie sie sagten, besonders gut mit schwarzen Kindern umgehen könne. Und das habe ich getan. Aber das war nur ein Job für Monate.«

»Jetzt arbeiten Sie als Lehrer für Leichtathletik am Santa Monica College. Was wissen Ihre Studenten von Tommie Smith und seinem Akt von Mexiko?«

»Das ist komisch. Hier sitze ich, 1,95 groß und 220 Pfund schwer, und sehe nicht mehr wie ein Sprinter aus. Wenn die Studenten zum ersten Mal in mein Büro kommen, stehen sie immer völlig überrascht vor meiner Wand.«

Dort hat Tommie Smith die Reliquien seiner aktiven Zeit aufgehängt, als er noch Titelheld von »Newsweek« und »Sports Illustrated« war.

»›Das sind Sie, Coach?‹ fragen die Studenten dann. ›Ja, das bin ich.‹ Und dann verhalten sie sich gleich ganz anders. Aber neun von zehn Studenten wissen überhaupt nicht, wer ich bin, weil das System befunden hat: Die Smith-Geste war schlecht, also wird Smith totgeschwiegen. Ich werde in den USA weitgehend ignoriert.«

»Haben sich denn die Verhältnisse, gegen die Sie damals protestierten, entscheidend verbessert?«

»Überhaupt nicht! Die Zustände sind heute eher noch schlimmer als damals. Nur ist die Rassendiskriminierung heute raffinierter und versteckter.«

»Würden Sie Ihre Geste nach all den Erfahrungen heute wiederholen?«

»Sie ist unwiederholbar: 1968 war eines jener Jahre, in denen solche Gesten wichtig waren, weil sie die Menschen aufrüttelten. Heute würde ich geschickter vorgehen, reflektierter, raffinierter. Ich würde einen Aufruf verfassen oder im Fernsehen reden. Aber damals haben wir mit unseren brachialen Mitteln doch etwas bewirkt. Unsere Geste ging den Leuten unter die Haut. Sie mußten sich damit auseinandersetzen. Und das war es, was wir wollten.«

»Haben Sie sie nie bereut?«

»Nein, nie. Wir haben Opfer bringen müssen. Wir haben geschwiegen und lange gelitten. Aber ich bereue nichts. Es war richtig. Wir standen auf der richtigen Seite.«

»Sind Sie noch stolz auf Ihre Goldmedaille?«

»Ja, das bin ich. Ich habe lange und hart für diese Goldmedaille gearbeitet. Sie hat dafür gesorgt, daß ich immer jener Tommie Smith sein werde, der damals auf dem Siegertreppchen stand und ohne Worte etwas sagen konnte, was rund um die Welt gehört wurde. Es war ein historischer Akt.«

Ist das Stilisierung? Im nachhinein verklärendes Heldentum? Der Verdacht liegt nahe, und es wäre menschlich. Doch entscheidend ist, daß zwei schwarze Athleten im Oktober 1968 den Mut aufbrachten, für ihr Recht zu demonstrieren. Sie haben dafür bezahlen müssen. Ihre Familien sind unter den Anfeindungen zerbrochen. Doch sie sind sich treu geblieben. Jetzt sind beide zum zweiten Mal verheiratet und haben sich ein neues Leben aufgebaut.

Sie haben sich für eine gute Sache eingesetzt, mit provokanten Mitteln, und dafür gelitten. Doch sie stehen immer noch dazu. Sie sind keine Helden, aber Männer mit Zivilcourage. Und das sind, in allen Ländern, immer noch die besseren Patrioten.

Der Mann
im Mond

Der Mann im Mond

»Guter Mond, du gehst so stille...« Von jeher haben die Menschen dem rastlos kreisenden Begleiter der Erde eine geradezu magische Kraft zugeschrieben, die sich auch in der Sprache spiegelt. Wer der »Mondsucht« verfällt, der ist nicht mehr Herr seines Willens. Das französische Wort »lunatique« umschreibt das wechselhafte Spiel der Launen, und im Englischen bedeutet »lunatic« gar schierer Wahnsinn. Der Mond raubt den Schlaf, betört die Seele und stiftet melancholische Gefühle.

Auch bei Edwin Aldrin ist die Begegnung mit dem Erdtrabanten nicht ohne Spuren geblieben; sie hat sein Leben in zwei Abschnitte geteilt: das Leben vor und nach der Landung. So nah wie er ist kaum ein Mensch dem Mond gekommen, und nur einer hat vor ihm seinen Fuß in den Mondstaub gesetzt: Neil Armstrong, sein Kommandant beim Mondflug im Juli 1969.

Aber Aldrins Bild ist es, das auf unserem blauen Planeten zum Sinnbild des einzigartigen Unternehmens geworden ist. Der Mann im Mond, allein in der öden Weite, wie ein Roboter im Raumanzug, völlig losgelöst von der Erde. Er war der Traumwandler, nun da sich der alte Menschheitstraum erfüllte – um so unsanfter verlief danach seine Landung im Alltag auf Erden. Alkohol und Depressionen zogen Edwin Aldrin viele Jahre in den Abgrund, den Mann, der zuvor einen geradezu raketenhaften Aufstieg erfahren hatte.

1930 in New Jersey geboren, war er zunächst in die Fußstapfen seines Vaters getreten, der im Zweiten Weltkrieg als Pilot der US-Luftwaffe im Einsatz war. »Buzz« Aldrin, wie ihn seine Freunde nennen, absolvierte die Militärakademie in West Point mit Auszeichnung, flog Einsätze im Korea-Krieg und erprobte als Testpilot die damals schnellsten Jäger der Welt.

Doch der ehrgeizige Luftwaffenoffizier wollte noch höher hinaus. Neben seinem Militäreinsatz schaffte er es gleichzeitig, am angesehenen Massachusetts Institute of Technology den Doktortitel mit der Arbeit »Der Mensch im Astronautenprogramm« zu erwerben. Damit hatte er auch seinen eigenen Weg vorgezeichnet. Was er in der Doktorarbeit noch theoretisch über »Rendezvous« von Raumfähren in der Erdumlaufbahn ausgeklügelt hatte, konnte er gleich selbst in die Praxis umsetzen. 1966

Rechts: Antritt zur Erfüllung eines Menschheitstraums. Neil Armstrong, Michael Collins und Edwin Aldrin (von rechts) auf dem Weg zur Startrampe der Saturn V.

unternahm er als Pilot der Gemini-12-Rakete seinen ersten Ausflug in das Weltall.

Mit Doktortitel, militärischem Rang und fundiertem technischen Wissen ausgestattet, hoch begabt und körperlich in bester Verfassung: Aldrin war prädestiniert für ehrgeizige Weltraummissionen. Doch an Mitbewerbern herrschte kein Mangel. Wieso fiel die Wahl für den Mondflug gerade auf ihn und seine Crew-Gefährten Collins und Armstrong?

»Wir, die wir schon die Ausbildung für das Gemini-Programm hinter uns gebracht hatten, und einige aus anderen Raketenprojekten waren im Grunde alle geeignet für die Apollo-11-Mission. Insgesamt waren sechs Teams zu jeweils drei Mann für die bemannten Raumflüge vorgesehen. Wir alle wußten, daß eine ganze Reihe von Weltraumprojekten anstand. Was Armstrong, Collins und ich nicht wußten: Wann würden wir selbst an die Reihe kommen? Es gab da so etwas wie ein Rotationsprinzip. Zunächst stellte die Crew bei einem Apollo-Flug die Ersatzmannschaft, und drei Flüge später ging sie in der Regel selbst an den Start. Zunächst sah es so aus, als würden wir für die Apollo 10 eingeteilt werden, also ausgerechnet den Flug vor der ersten Mondlandung. Aber wegen verschiedener organisatorischer Umstellungen wurden wir die Back-up-crew, also die Ersatz-Crew, von Apollo 8 und hatten nun beste Aussichten, den ersten Mondflug selbst zu unternehmen. Wir, die ursprünglich den Weg für die Landung ebnen sollten, waren nun plötzlich diejenigen, die selbst auf dem Mond landen sollten. Aber immerhin dauerte der Vorbereitungsprozeß noch zweieinhalb Jahre.«

Bei dem Flug zum Mond kam es mehr denn je auf die richtige Zusammensetzung der Mannschaft an. Drei Männer mit ganz unterschiedlichen Lebensläufen mußten die wohl größte Bewährungsprobe ihres Lebens gemeinsam bestehen. Wie beurteilt Aldrin heute die Zusammensetzung der Apollo-11-Crew?

»Um mal beim Kommandanten anzufangen: Neil Armstrong war einer der erfahrensten Piloten der NASA und hatte schon viele Testflüge absolviert. Er flog mehrere Jahre das Raketenflugzeug X-15 und wirkte auch bei dem Gemini-Projekt mit. Er war um einiges versierter als Mike Collins und ich. Wahrscheinlich hatte er die meiste Flugerfahrung von allen Astronauten überhaupt. Auch Mike Collins hatte schon einige Jahre als Testpilot hinter sich. Ich selbst hatte einen anderen Weg eingeschlagen. Ich war Luftwaffenpilot und ging dann in die Wissenschaft. Soviel zu unseren Qualifikationen.

Neil und ich waren ruhigere Typen als die meisten anderen Astronauten, wir waren eher ›stille Gemüter‹. Mike wirkte nach außen eher locker und sehr gelassen, kommunikativ, ausgesprochen nett – ein angenehmer Mensch, mit dem man gut reden konnte. Im Vergleich zu ihm erweckten Neil und ich einen eher ernsten und seriösen Eindruck. Wir kamen aber

gut miteinander aus. Mit Neil war ich schon seit den Gemini-Projekten in einer gemeinsamen Crew, wir behielten unser gutes Verhältnis bei, obwohl wir nun nach der Entscheidung zum Mondflug einem wesentlich größeren Druck ausgesetzt waren als früher.«

Die drei Astronauten machten eine harte Vorbereitungszeit durch. Training, Training und nochmals Training. Schließlich war es soweit.

Der Tag des Startes: In den letzten Stunden vor dem Countdown herrschte auf Kap Kennedy eine gespannte Ruhe. Die NASA gab sich stets notorisch zuversichtlich. Tausende von Beobachtern, Journalisten und Schaulustigen drängten sich hinter den Absperrungen des Weltraumbahnhofs. Dann die letzten zehn Sekunden bis zum Beginn des Feuerwerks. Mit einer Schubkraft von dreitausend Tonnen wurde die einhundertzehn Meter hohe Saturn V erst bedenklich langsam, dann immer schneller in die Höhe gewuchtet. Alles verlief nach Plan. Nach etwa drei Minuten wurde die erste Stufe abgesprengt und die zweite gezündet.

Die Meldungen der Mannschaft an die Bodenstation in Houston klangen ruhig und sachlich, in dem nüchternen Tonfall, den man schon

Der Planet Erde, wie ihn kein Mensch vorher sah. Im Vordergrund die Mondfähre Eagle auf dem Weg zur Landung.

183

von den Pressekonferenzen gewohnt war. Dann wurde die dritte Raketenstufe gezündet. Insgesamt waren 384 000 Kilometer zurückzulegen. Nach drei Tagen sollte Apollo 11 in die Mondumlaufbahn einschwenken. Die Höchstgeschwindigkeit: etwa 39 000 Stundenkilometer.

Die Rollen der drei Astronauten waren klar verteilt. Jeder Handgriff mußte sitzen. Seit Wochen stand fest, daß Armstrong vor Aldrin den ersten Schritt auf den Mond unternehmen und Collins in dieser Zeit den Erdtrabanten umkreisen würde.

Wie kam es, daß Neil Armstrong der Auserwählte war und nicht Aldrin?

»Die Entscheidung darüber fiel ungefähr zwei Monate vor dem Start, nachdem die Frage lange ungeklärt im Raum gestanden hatte. Das Thema erschien wie eine heiße Kartoffel, die keiner anfassen wollte. Niemand konnte sich zu einer definitiven Entscheidung durchringen. Es gab verschiedene Konzepte, bei denen mal der eine, mal der andere die Nase vorn hatte. Und für jeden von uns, für Armstrong wie für mich, gab es genügend Gründe.

»Stars and Stripes« auf dem Mond. Wer zweifelt jetzt noch daran, daß Gott Amerikaner ist?

Als man sich dann für Neil entschied – weil er der Senior von uns war oder was auch immer der Grund gewesen sein mag –, wurde der Fehler begangen, es der Öffentlichkeit gegenüber nicht klipp und klar zu begründen. So entstand Spielraum für mannigfache Spekulationen.

Bezeichnend ist, daß sich bei späteren Mondflügen die Öffentlichkeit kein bißchen dafür interessierte, wer als erster den Mond betrat. Aber beim ersten Mal wurde das eben enorm hochgekocht. Die Medien hatten an dieser Debatte einen großen Anteil und heizten die Kontroverse an.«

Noch heute, über zwanzig Jahre später, scheint diese Frage bei Edwin Aldrin einen wunden Punkt zu treffen. Es fällt ihm merklich schwer, eine klare Antwort zu geben. Bis heute kursieren verschiedene Gerüchte darüber, wie die Entscheidung damals zustande kam. Noch vier Monate vor dem Start hatte die NASA-Spitze offensichtlich Aldrin für den ersten Mondschritt im Visier. Wie wir heute wissen, wurde diese Entscheidung aus Imagegründen wieder gekippt: Nicht der Soldat Aldrin, sondern der Zivilist Armstrong sollte als erster die Leiter zum Mond hinunterklettern.

Am Tag X jedenfalls kannte die Mannschaft weder Neid noch Animositäten. Die Landevorbereitungen liefen mit der Präzision eines Uhrwerks. Genau nach Plan trennte sich die Mondlandefähre »Eagle« mit Armstrong und Aldrin an Bord vom Mutterschiff »Columbia«. Deren Kapitän, Mike Collins, kreiste weiter in hundertzehn Kilometer Höhe um den Mond.

Die Weltöffentlichkeit verfolgte gebannt die Bilder vom Landeanflug der Fähre. Dann der spannendste Moment, die Landung selbst. Mit der Leichtigkeit einer Feder setzte die »Eagle« im »Meer der Ruhe«, dem vorgesehenen Landeplatz, auf.

Am 21. Juli um 3.40 Uhr MEZ öffnete sich die Ausstiegsluke des Gefährts. Hundertneun Stunden, sieben Minuten und fünfunddreißig Sekunden waren seit dem Start der Saturn V in Kap Kennedy vergangen. Als erster Mensch betrat der Astronaut Neil Armstrong den Mond.

»Ein kleiner Schritt für einen Menschen, aber ein gewaltiger Sprung für die Menschheit.« Aus dem Munde des sonst eher trocken und lakonisch wirkenden Mannes klangen die historischen Worte geradezu überschwenglich.

»Hat Armstrong diesen Satz sich selbst einfallen lassen, oder gab es da jemanden, der ihm als Souffleur diente?«

»Ich weiß es nicht genau. Mike und ich sind da nicht nach unserer Meinung gefragt worden. Es war klar, daß der ›commander‹ beziehungsweise derjenige, der als erster den Mond betreten würde, in dem Moment etwas sagen müßte. Gerade bei einem solchen historischen Ereignis. Das war ja wirklich ein symbolischer Schritt, den die gesamten Menschheit mitverfolgte. Wenn es an mir gewesen wäre, die Worte zu sprechen, wäre ich wohl ähnlich vorgegangen, wie es ein Präsident vor einer großen Rede tut. Ich hätte jede Gelegenheit genutzt, mich mit anderen zu beraten, hätte Aussagen von Ghostwritern eingeholt und dann meine eigenen Ideen mit eingeflochten. Aber – wie gesagt – ich weiß nicht, wie es war. Mike und ich wurden nicht gefragt.«

Doch nicht alle Worte, die die Astronauten bei ihrem Mondausflug wechselten, schienen für das Drehbuch der Geschichte bestimmt. Als Aldrin die Stufen zum Mond hinabstieg, kam es zu einem weit weniger bedeutungsschweren Dialog:

»Es ist eine ganz einfache Sache, von einer Sprosse zur nächsten zu hüpfen«, meinte Armstrong zu dem herunterkletternden Aldrin, »sehr bequem das alles. Du hast noch drei Schritte abwärts, dann einen langen Schritt.«

Aldrin quittierte seine Landung mit der Bemerkung: »Das war ein schöner Hüpfer.«

Armstrongs Kommentar: »Ja, ein Three-footer (etwa ein Meter): wunderbar, großartig.«

Aldrin: »Von hier sieht es besonders schön aus, Neil.«

Armstrong: »Ja, das ist eine ganz besondere Art von Schönheit. Vielleicht so ähnlich wie die Hochlandwüste in den USA.«

Aldrin (zur Flugkontrolle in Houston): »Ich möchte mal die verschiedenen Schrittarten erklären, mit denen ein Mensch sich auf der Mondoberfläche fortbewegen kann.«

Flugkontrolle Houston: »O. k., du bist im Bild.«

Aldrin: »Alright. Also, man muß sehr sorgfältig seinen Schwerpunkt ausloten. Manchmal muß man erst zwei oder drei Schritte gehen, um wirklich sicher zu sein, die Füße noch unter sich zu haben ... Richtungsänderungen gehen wie beim Football vor sich: Man muß die eine Seite etwas vorschieben und dann eine Weile auf der Stelle treten. Und jetzt zum Känguruh-Hupfer. Das funktioniert zwar, aber ich hab' das Gefühl, daß man nicht so gut vorankommt wie bei der guten Ein-Fuß-vor-den-andern-Methode.«

It's no business like moon-business. Seitdem sind die »Moonboots« populär.

»Welche Gefühle bewegten Sie in diesem Augenblick, gleich nach der Landung?«

»Ich denke, das stärkste Gefühl, das ich empfand, und ich glaube, daß es Neil auch so ging, war Erleichterung. Kurz nachdem wir das Landemanöver abgeschlossen hatten, kam es uns zu Bewußtsein, daß der wohl wichtigste Schritt nun getan war. Die ganze Zeit davor hatte uns noch ein Gefühl der Unsicherheit geplagt. Im Fall einer technischen Panne hätten wir die Mission sofort abbrechen müssen. Es waren bange Minuten, als wir die Düsen der Landefähre im All starteten und uns der Mondoberfläche dann Stück für Stück näherten, wobei ich die ›Eagle‹ von Hand steuern mußte. Das Aufsetzen ging ganz langsam vor sich, wie in Zeitlupe. Und plötzlich war es soweit. Nun standen wir tatsächlich auf der Mondoberfläche. Es war großartig. Den kritischsten Teil unser Mondexpedition hatten wir damit hinter uns, zumindest dem Gefühl nach.«

»Gab es denn auch Situationen, in denen Sie Angst bekamen?«

»Ja, schon. Unmittelbar vor der Landung waren unsere Nerven bis zum Zerreißen gespannt. Wir fürchteten, die Raumfähre vielleicht beim Aufsetzen zu beschädigen. Aber es war eigentlich keine richtige Angst, sondern eher große Anspannung. Als Piloten waren wir darauf getrimmt, Ängste zu ignorieren. Wir mußten in der Lage sein, auch in kritischen Situationen einen kühlen Kopf zu behalten.

Magenschmerzen bereitete mir da eher ein anderes Problem – aber lachen Sie nicht. Als wir die Nachricht erhielten, daß der Präsident mit uns sprechen wollte – und die ganze Welt zuhören würde –, da bekam ich ein mulmiges Gefühl. Ich hatte einfach keine Ahnung, was ich in diesem wichtigen Moment sagen sollte. Das machte mir Sorgen. Und mir fiel dann im Gespräch mit dem Präsidenten in der Tat nur wenig ein.«

Von der Erde aus mutete die ganze Operation reibungslos, entspannt, fast alltäglich an. Da turnten zwei Männer auf dem Mond herum, die eben ihr Handwerk taten. Viele Millionen verfolgten das Geschehen auf dem Erdtrabanten in diesen Stunden und fragten sich ungläubig, ob es denn wahr sein könne, daß sich dort droben leibhaftig Menschen aufhielten.

»War es für Sie das bewegendere Erlebnis, auf dem Mond herumzulaufen oder vom Mond aus die Erde zu beobachten?«

»Ich mußte mir erst mal klarmachen, daß Neil Armstrong und ich weiter weg von zu Hause waren als je ein Mensch zuvor. Aber es war keineswegs ein Gefühl von Einsamkeit. Denn ironischerweise befaßten sich ja in diesem Moment Millionen von Menschen mit uns. Gerade weil wir so weit weg waren, schauten uns alle zu. Das war ein einzigartiges und zugleich eigenartiges Gefühl. Als ich mir dann später die Filmaufnahmen von der Apollo-11-Mission anschaute, habe ich es fast bedauert, daß ich selbst während meiner Mondbegehung gar nicht soviel gesehen habe wie die Zuschauer zu Hause am Bildschirm. Außerdem hätte ich gerne etwas von der Euphorie auf der Erde miterlebt. Aber wir waren so sehr mit unseren Experimenten beschäftigt, daß wir gar keine Zeit hatten, darüber nachzudenken.«

Für Armstrongs und Aldrins Aufenthalt auf dem Mond waren zweiundzwanzig Stunden veranschlagt. Beide Astronauten hatten ein umfangreiches Arbeitsprogramm zu absolvieren. Sie installierten Meßgeräte auf der Mondoberfläche und sammelten Gesteinsproben. Auch an symbolischen Akten fehlte es nicht. Mit feierlichem Gestus wurde eine Gedenkplakette enthüllt. Sie trug die Aufschrift »Wir kamen in friedlicher Absicht für die ganze Menschheit« (»We came in peace for all mankind«). Das klang selbstlos. Doch in dem Moment, als das Sternenbanner auf der Mondoberfläche gehißt wurde, schlug auch das patriotische Herz der Amerikaner um einiges höher.

Fünf Stunden lang ließ die Fernsehtechnik die ganze Welt an dem historischen Geschehen teilhaben. Präsident Nixon sandte seine Glückwünsche an die beiden Astronauten auf dem Mond und in aller Welt.

Die undankbarste Rolle in dem Weltraumspektakel mußte Mike Collins spielen, der dritte Mann an Bord der Apollo. In allen Teilen der Erde konnten die Menschen die beiden Männer auf dem Mond betrachten. Derjenige, der ihnen am nächsten war, nämlich Collins, sah sie nicht. In hundertzehn Kilometer Höhe mußte der Kapitän der »Columbia« den Mond umkreisen. Niemand schien ihn wahrzunehmen. Selbst Präsident Nixon würdigte ihn mit keinem Wort.

»Empfanden Sie damals Mitgefühl für Collins?«

»Nun, sicher hätten Neil und ich gerne die Erfahrung der Mondlandung mit Mike geteilt. Andererseits denke ich, wenn ich ehrlich sein soll, daß wohl keiner von uns freiwillig seinen Posten zu seinen Gunsten geräumt hätte. Von vornherein war uns klar, daß nur zwei den Mond

betreten können, nämlich diejenigen, die als Piloten für die Mondlandefähre vorgesehen waren, und das waren eben Armstrong und ich. Selbstverständlich tat es uns leid für Mike. Wir konnten seine Gefühle gut nachvollziehen.«

Ob das den Dritten im Bunde tröstete? Collins geriet erst wieder ins Blickfeld der Weltöffentlichkeit, als die Landefähre von der Mondoberfläche abhob und Kurs auf das Mutterschiff »Columbia« nahm. Das Kopplungsmanöver verlief reibungslos. Nun saßen die drei wieder in einem Boot und traten die Heimreise an. Mit der Pünktlichkeit und Präzision, die jede Flugphase dieses Apollo-Projekts auszeichnete, planschte die Kapsel mit den drei Mondfahrern am 24. Juli 17.50 Uhr MEZ ins Meer. Präsident Nixon hatte sich an Bord des Flugzeugträgers »Hornet« begeben, um die Astronauten persönlich zu begrüßen; aber nur durch die Glasscheibe, denn für fünf Wochen standen die Astronauten noch unter strenger Quarantäne. Als diese Zeit vorüber war, wurden den Heimkehrern regelrechte Triumphzüge bereitet. In New York und Chikago gab es die typischen Konfettiparaden, wie sie Helden der Nation eben gebühren.

Der Jubel in den Vereinigten Staaten war groß. Die Apollo-11-Mission schien die vor innen- und außenpolitischen Schwierigkeiten stehende Nation wieder geeint zu haben. »Durch eure Tat ist der Himmel ein Teil der Menschenwelt geworden«, erklärte Präsident Richard Nixon.

Begrüßung durch die Glasscheibe. Präsident Nixon beglückwünschte die drei Astronauten, die nach der Landung unter strenger Quarantäne standen.

Die Mondlandung als einschneidende Zäsur seines Lebens. Edwin Aldrin hat heute die Krise nach seiner Rückkehr von der Mondexpedition überwunden.

Bei Weltraumfahrt, die gern zum Dienst am Menschen deklariert wurde, ging es aber stets auch ums Prestige. Für die USA stand sogar noch mehr auf dem Spiel. Die Landung auf dem Mond war ein Stück Weltpolitik. Denn auch die Sowjetunion war damals schon weit in den Weltraum vorgedrungen. Der Sputnik-Schock des Jahres 1957 saß den Amerikanern noch tief in den Knochen, als es der UdSSR gelungen war, den ersten Satelliten mit Erfolg in die Erdumlaufbahn zu schießen. Auch in der bemannten Weltraumfahrt hatte die östliche Supermacht zunächst die Nase vorn. Der sowjetische Pilot Gagarin umkreiste im April 1961 als erster Mensch in einer Raumkapsel die Erde. Das wollten die USA nicht auf sich sitzen lassen. Es herrschte Kalter Krieg, zum Wettbewerb der Systeme gehörten auch Erfolge im Weltraum. Und nun wehte unübersehbar das Sternenbanner auf dem Mond.

Amerika hatte also den Wettlauf gewonnen. Doch Edwin Aldrin, einer der Hauptakteure, fand sich nach seiner Rückkehr zur Erde eher auf der Verliererstraße wieder. Reklamerummel, ermüdende Ansprachen und Pressekonferenzen nahmen den Ex-Astronauten vollauf in Beschlag. Doch sie verstärkten nur seine bittere Erkenntnis, den wesentlichen Teil seines Lebens schon hinter sich zu haben. Alkohol-Eskapaden, seelische Störungen und die Notwendigkeit psychiatrischer Behandlung waren die Symptome seiner persönlichen Krise.

Aldrin scheute sich nicht, seine Probleme in der Öffentlichkeit auszubreiten. Diese erste »Mondlandung sei ihm ungeheuer zugute gekommen«, aber »die Änderung seines Lebens« nach dem Flug habe eine Depression verursacht, die ihn weiterhin verfolge, verbreitete er 1973 in seinem Bestseller »Zurück zur Erde«. Und auch zuvor schon hatte er den unerfahrenen Erdbewohnern tiefsinnig mitgeteilt: »Nach einem Mondflug öden einen Unzulänglichkeiten hier unten einfach an. Man weiß, daß man den Höhepunkt seines Lebens hinter sich hat. Man muß sich den Unzulänglichkeiten anpassen. Und man paßt sich einer Welt an, die weit davon entfernt ist, perfekt zu sein.«

Etwas erstaunt waren manche Bürger dieser unperfekten Welt nur, daß der Autor seine Erkenntnisse ausgerechnet im Rahmen einer Werbekampagne des deutschen Autokonzerns VW der Öffentlichkeit unterbreitete. Trug hier ein frustrierter Held vergangener Tage seine Tragödie öffentlichkeitswirksam zu Markte?

Heute betrachtet Edwin Aldrin sein Dilemma aus einem anderen Blickwinkel. Nicht im Mond oder auf Erden sucht er nach den Ursachen der Krise, sondern in seiner DNA.

»Ich denke, in jeder Bevölkerung gibt es einen bestimmten Anteil von Leuten, die eine genetische Veranlagung zum Alkoholismus haben. Und ich gehöre eben dazu.«

Die Erfahrungen nach der Mondexpedition betrachtet er als eine Art »Coming-out« für diese Veranlagung.

»Ich entwickelte zunehmend Angst und Bedenken im Angesicht der Öffentlichkeit. Keine rein technische Aufgabe mehr zu bewältigen bereitete mir Unbehagen und nahm mir das Selbstvertrauen. Das führte im Laufe mehrerer Jahre dazu, daß ich Erleichterung im Alkohol suchte.«

Heute hat er sein Trauma überwunden und – nach einer erfolgreichen Entziehungskur – auch sein Alkoholproblem. Unter dem Strich zieht Aldrin eine positive Bilanz:

»Mißgeschick ebenso wie Glück haben meinen Lebensweg begleitet. Inzwischen kann ich sagen, daß es für mich ein großer Glücksfall war, unter den ersten Menschen gewesen zu sein, die den Mond betraten. Auch wenn ich danach eine Zeit der Depression durchleben mußte, war ich doch immerhin herausgefordert, mich selbst, das heißt meine latente Neigung zum Alkohol, zu überwinden. Ich wurde förmlich gezwungen, mein Leben grundsätzlich zu verändern. Auf diese Weise habe ich es geschafft, zu einem angenehmeren und friedvolleren Dasein zu finden, als ich es jemals zuvor gekannt hatte.«

Der Mann im Mond, so lautet heute seine Botschaft, ist von der »Mondkrankheit« endgültig geheilt.

Bildnachweis

AFP Photo: 169.
Associated Press: 8/9, 58/59, 62 oben u. unten, 65 unten, 170.
Bildagentur Jürgens: 85.
bildarchiv preussischer kulturbesitz: 95.
dpa: 92/93, 121, 126/127, 131, 133, 156, 164/165, 178/179, 181, 183, 184, 185, 190 links.
Keystone: 11, 31, 32, 33, 35, 38/39, 41 unten, 43 unten, 77, 87 oben, 97, 99 rechts, 111 (groß), 134, 189.
Landesbildstelle Berlin: 87 unten.
Leatherneck: 68.
National Archives, USA: 65 oben.
Presse-Foto-Baumann: 102/103.
Süddeutscher Verlag: 25, 28/29, 41 oben, 43 oben, 48/49, 53, 72/73, 75, 78, 99 links, 117, 118, 140/141, 145, 147, 150 links, 152/153, 159, 173.
Harry S. Truman Library: 66.
Ullstein Bilderdienst: 82/83.
Weltrundschau, Zürich: 143.
WEREK: 109.
ZDF-Archiv: 13 oben links, oben rechts u. unten, 14, 17, 23 oben u. unten, 26, 27, 37 rechts, 47, 54 links, 57 links u. rechts, 71 rechts, 80, 89, 91, 107, 111 (klein), 124, 137 links u. rechts, 150 rechts, 161 rechts, 175 links u. rechts, 190 rechts.

Vera Grossmann: 54 rechts.
Peter Leibing: 114/115.
Tsvis Nußbaum: 45 links u. rechts.
Hermann Rausch: 37 links.
Joe Rosenthal: 71 links.
Konrad Stangl: 100 links u. rechts.
Itzchak Yifat: 161 links.